생활 속의 뇌물죄

청렴교육의 필독서

생활 속의 뇌물죄

이중백 지음

KSI 한국학술정보㈜

많은 사람들은 사회가 정의롭고 공정한 경쟁이 이루어지기를 갈망하고 있는데, 이를 가로막는 것이 바로 부정부패이다. 2007년도 한국의 부패지수는 10점 만점에 5.1점을 받았고, OECD 30개국 회원국 중 25위를 차지했으며, 세계 180여 국가 중에서 43위를 차지하여 부패지수가 심각한 상황에 이르고 있다.

대한민국은 정부 수립 이후 개발독제체제로 눈부신 경제발전과 정치적 안정을 이루는 듯했지만, 인권과 자유에 대한 억압이 끊이지 않았다. '90년대에 들어와 정부는 부정부패의 척결, 경제의 활성화, 국가 기강의 확립을 당면 과제로 총체적 개혁을 부르짖게 되었는데 그중 하나가 뇌물죄였다.

뇌물죄는 근대 관료국가 성립 후 직업 관료 및 관리의 청렴과 국가 기강을 확립하기 위해 입법화되었으며, 각국에서는 뇌물범죄를 척결하기 위하여 엄격한 처벌 규정을 두고 있다. 선진국 중의 하나인 미국에서조차도 공무원은 물론 준공무원 및 직업적 뇌물죄까지 처벌하는 규정을 입법화하였고, 가까운 일본도 특별뇌물죄의 규정을 두어 처벌하고 있다. 우리나라는 **공직자윤리법 및 공무원부패방지법 등 특별제정법**을 규정하여 뇌물죄를 방지하려고 노력하고 있지만, 사회적으로 뇌물과 관련된 사건이 빈번히 발생하고 있다.

저자는 부패를 척결하는 데 조금이나마 도움을 주고자 뇌물죄에 관한 연구를 하고 있다. 그간 뇌물죄에 대한 박사논문을 비롯해 이에 관련된 수편의 논문을 발표하였다. 2008년에는 '**한국의 뇌물죄**'를 저술하여 여러 독자들로부터 찬사와 함께 질타를 받기도 했다.

그간 저술한 책들이 대부분 내용이 어렵고 한자도 많았기 때문으로 생각되어 본서에서는 이런 점을 감안하여 내용을 쉽게 알 수 있도록 체계적으로 엮었다.

본서의 내용으로는 제1절에 뇌물죄의 개념, 제2절에 뇌물죄의 구성요건, 제3절에 공무원의 범위, 제4절에 뇌물죄의 유형 및 처벌, 제5절에 수뢰죄와 증뢰죄, 제6절에 몰수 및 추징, 제7절에 판례연습, 제8절에는 2009년까지 입법화된 부패관련법을, 그리고 뇌물죄 및 부패와 관련된 참고사항과 용어해설을 부록에 첨가하였다. 특히나 2008년 최근까지 뇌물죄에 관한 판례를 총정리하여 참고토록 하였다.

아무쪼록 독자들께 이 방면에 대한 연구가 많은 도움이 되었으면 한다.

끝으로 한국학술정보(주)의 채종준 대표이사님과 출판사업부 권성용 님 그리고 출판에 참여해 주신 한국학술정보(주) 관계자님께 감사를 드리는 바이다.

2009. 10. 17.

角化書堂터 溪源書室에서

이중백 씀

뇌물죄 체계

수뢰죄(뇌물 받는 죄)
사전수뢰죄
(제129조제2항)
단순수뢰죄
(제129조제1항)
사후수뢰죄
(제131조제3항)
감경적구성요건
기본적구성요건
수정적구성요건
수뢰후부정처사죄
(제131조제1항)
제3자 뇌물제공죄
(제130조)
부정처사후수뢰죄
(제131조제2항)
가중적구성요건
수정적구성요건
가중적구성요건
알선수뢰죄
(제132조)
수정적구성요건
증뢰죄(뇌물 주는 죄)
단순증뢰죄
(제133조제1항)
각각 독립된 구성요건
증뢰물전달죄
(제133조제2항)

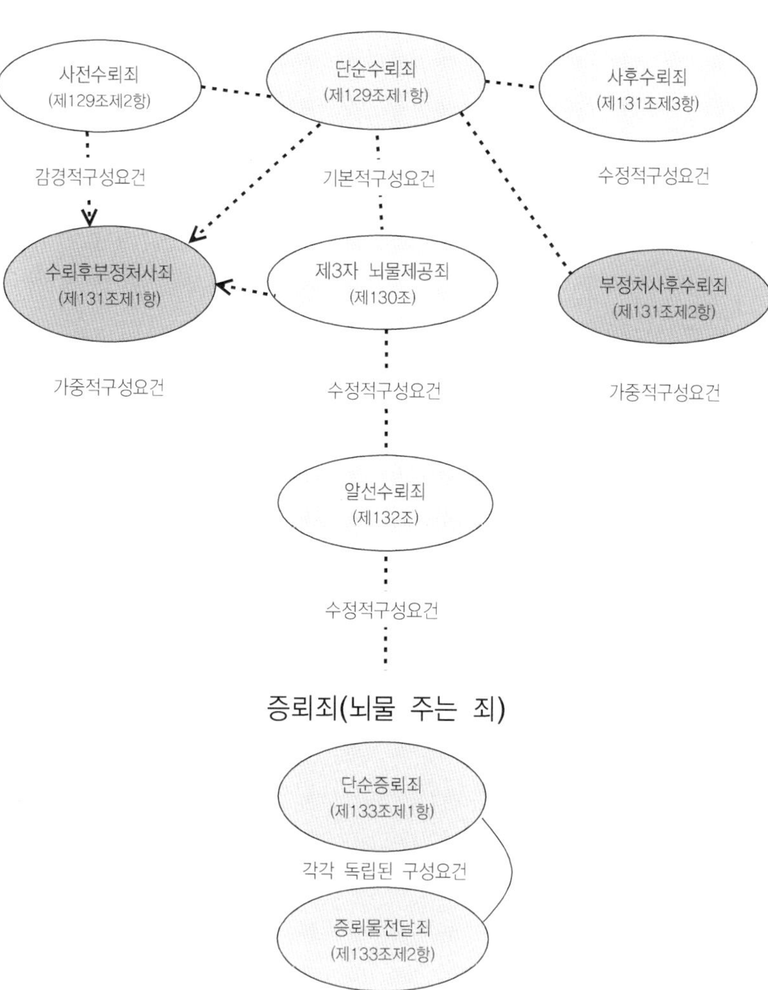

목 차

제1절 뇌물죄의 개념

뇌물죄(賂物罪)란 공무원 또는 중재인이 그 직무에 관하여 뇌물을 수수·요구 또는 약속하는 것 등을 내용으로 하는 수뢰죄(收賂罪)와 공무원 또는 중재인에게 뇌물을 공여 또는 약속·공여의 의사표시를 하는 것을 내용으로 하는 증뢰죄(贈賂罪)를 말한다.

※ 뇌물(賂物)이란 직무에 관한(職務關聯性) 부정한 보수(不正한 報酬)로서의 모든 이익(利益)을 말한다.

제2절 뇌물죄의 구성요건

[형법상 뇌물죄]

◔ 단순수뢰죄: 주체(공무원 또는 중재인) + 직무의 대가로 + 뇌물(법이 인정하지 않는 이익취득) + 행위(수수·요구 또는 약속)

◔ 단순증뢰죄: 수뢰죄 주체에게 + 뇌물 + 행위(공여 또는 약속·공여의 의사표시)를 한 공무원 또는 일반인

* 본죄의 보호법익: 직무집행의 공정과 이에 대한 사회의 신뢰 및 직무행위의 불가 매수성(최근 판례)
* 본죄의 성격: 신분범죄에서 직무범죄로 변천하여 근대 관료국가의 행정적 징계성에서 일반 형법적 가벌성으로 농후해지기에 이르렀다.
* 본죄의 특징: 예비·음모 및 미수범의 처벌 규정이 없고, 몰수, 추징(제134조)한다는 점이다.

제3절 공무원의 범위

1) 공무원: 국가 또는 지방자치단체 및 이에 준한 공법인의 사무
   에 종사하는 자로서 그 직무내용이 단순한 기계적, 육체적인
   것에 한정되어 있지 않은 자

(1) 국가공무원 및 지방공무원법

- 경력직 공무원인 일반직(공안직, 행정직, 기술직, 외무직, 연구직, 지도
  직), 특정직, 기능직 공무원

- 특수경력직공무원인 정무직, 별정직, 계약직, 고용직 공무원
  (단순노무 종사) 제외(국가공무원법 제2조 3항 4호)

- 다른 법령에 의해 공무원의 신분이 부여된 자(공익법무관)

- 기한부로 채용된 공무원(국공립학교 기간제 교사, 지방계약직 공무원 등)

- 사경제 주체로서 행정 사법적 작용을 담당하는 공무원(금융
  기관의 과장급 이상 임직원 등)

- * 현직 공무원이 주체

- * 공무원 자격상실 후의 뇌물수수는 사후수뢰죄

- * 공무원이 될 자는 사전수뢰죄 주체

- * 전직 공무원의 전직 전의 수뢰죄도 주체

(2) 특정범죄가중처벌등에관한법률(정부관리기업체의 과장급 이상 간부직
원 등)

(3) 특정경제범죄가중처벌등에관한법률(금융기관의 과장급 이상 임직원)

(4) 뇌물죄에서 공무원으로 의제된 자

2) 중재인: 중재법에 의한 중재인(동법 제4조 이하), 상사중재법에 의
한 중재위원, 노동쟁의조정법에 의한 중재위원(동법 제32조), 언
론중재법에 의한 중재위원으로 현직에 있는 자만 주체

제4절 뇌물죄의 유형 및 처벌

형법상 유형	처 벌	공소시효
단순수뢰죄 (제129조 1항)	5년 이하의 징역 또는 10년 이하의 자격정지(수뢰액: 특가법)	7년
사전수뢰죄 (제129조 2항)	3년 이하의 징역 또는 7년 이하의 자격정지(수뢰액: 특가법)	5년
제3자 뇌물공여죄 (제130조)	5년 이하의 징역 또는 10년 이하의 자격정지(수뢰액: 특가법)	7년
수뢰후부정처사죄 (제131조 1항)	1년 이상의 유기징역, 10년 이하의 자격정지 병과 가능. 특가법2조 적용[1]	10년
부정처사후수뢰죄 (제131조 2항)	1년 이상의 유기징역, 10년 이하의 자격정지 병과가능	10년
사후수뢰죄 (제131조 3항)	5년 이하의 징역 또는 10년 이하의 자격정지 병과가능	7년
알선수뢰죄 (제132조)	3년 이하의 징역 또는 7년 이하의 자격정지(수뢰액: 특가법)	5년
증뢰죄 (제133조 1항)	5년 이하의 징역 또는 2천만 원 이하 의 벌금	7년
증뢰물전달죄 (제133조 2항)	5년 이하의 징역 또는 2천만 원 이하의 벌금	7년
몰수·추징 (제134조)	국고에 귀속시키는 재산 형벌	×

---

1) 대판1969. 12. 9, 69도 1288

제5절 수뢰죄와 증뢰죄

	수뢰죄(뇌물을 받는 죄)	증뢰죄(뇌물을 주는 죄)			
단순수뢰죄	(공무원 또는 중재인)이 - 직무상 - 재직 중 본인이 뇌물을 수수·요구 또는 약속한 경우	단순증뢰죄		증뢰물전달죄	
사전수뢰죄	(공무원 또는 중재인)이 될 자가 - 직무상 - 청탁 - 뇌물을 수수·요구 또는 약속한 후 - (공무원 또는 중재인)이 된 때	단순증뢰죄		증뢰물전달죄	
제3자 뇌물제공죄	(공무원 또는 중재인)이 - 직무상 - 부정한 청탁 - 재직 중 제3자에게 뇌물을 공여. 공여를 요구 또는 약속한 경우	단순증뢰죄		증뢰물전달죄	
수뢰후 부정처사죄	(공무원 또는 중재인)이 전3죄 범행 후 - 직무상 - 부정한 행위 경우 *먼저 뇌물을 본인이 받거나 제3자에게 주도록 하고, 후에 부정한 행위를 한 죄	단순증뢰죄	직접 본인이 뇌물을 주는 경우	증뢰물전달죄	제3자를 시켜서 뇌물을 주는 경우
부정처사후 수뢰죄	(공무원 또는 중재인)이 - 직무상 - 부정한 행위 - 재직 중 뇌물을 수수·요구 또는 약속. 제3자에게 뇌물을 공여. 공여를 요구 또는 약속한 경우 *먼저 부정한 행위를 한 후 뇌물을 본인이 받거나 제3자에게 주도록 한 죄	단순증뢰죄		증뢰물전달죄	
사후수뢰죄	(공무원 또는 중재인)이었던 자 - 재직 중 - 청탁 - 부정한 행위 - 퇴직 후 - 뇌물을 수수·요구 또는 약속	단순증뢰죄		증뢰물전달죄	
알선수뢰죄	(공무원)이 - 그 지위를 이용 - 타 공무원의 직무에 속한 업무를 - 알선한 대가로 - 상대방에게 - 뇌물을 수수·요구 또는 약속	단순증뢰죄		증뢰물전달죄	

◈ 수뢰(收賂)에 관한 죄

(가) 단순수뢰죄 (A:단순수뢰죄, B:단순증뢰죄)

> ☞ 사례: 세무공무원 A는 B 주점의 면세혜택을 주는 대가로 300만 원을 받아 챙겼다.

* 직무집행의사 또는 직무처리와 대가관계가 없다면 공갈죄로만 처벌
* 공무원이 직무와 관련하여 타인을 기망한 후 재물을 교부받으면 수뢰죄와 사기죄의 상상적 경합
* 수뢰 후 부정행위가 배임죄에 해당할 때는 수뢰죄와 배임죄의 경합범
* 재직 중에 청탁을 받고 부정한 행위(뇌물 수수 등)를 한 후에 전직된 때에도 본죄(단순수뢰죄)에 해당

1) 의의: 공무원(현직에 있는 자만) 또는 중재인이 그 직무에 관하여 뇌물을 수수・요구 또는 약속함으로써 성립하는 범죄(공무원 자격 상실 후 뇌물수수 때는 사후수뢰죄, 앞으로 공무원이 될 자는 사전수뢰죄가 성립)
2) 보호법익: 직무집행의 공정과 이에 대한 사회의 신뢰 및 직무행위의 불가매수성(통설・판례)
3) 구성요건: 주체(공무원 또는 중재인) + 행위(그 직무에 관하여 뇌물을 수수・요구 또는 약속) + 고의(직무에 관하여 뇌물을 수수・요구 또는 약속한다는 행위 사실의 인식・의사, 미필적 고의도 포함)

4) 처벌: 5년 이하의 징역 또는 10년 이하의 자격정지(수뢰액에 따라 특가법으로 가중처벌)

5) 공범관계

* 의무 있는 자가 의무 없는 자를 이용한 때(간접정범)

* 신분 없는 자가 가담한 때(교사죄나 방조죄)

(나) 사전수뢰죄 (A:사전수뢰죄, B:단순증뢰죄)

> ☞**사례: 사법시험에 합격한 A는 사업가인 B와 함께 축하 술을 마시면서 B가 A에게 검사로 재직하면 내 뒤를 봐주라고 부탁하며 1,000만 원을 주자 "친구 간에 당연하지. 그런데 뭐 이런 것까지" 하면서 받아 넣었다. 2년 후 검사로 발령을 받았다.**

* 공직자로 취임 전인 비공직자라도 취임이 예정된 자이거나 기대되는 자가 개시될 때 범죄 성립, 결재를 위하여 상신 중인자, 채용원을 제출 중인 자, 공무원채용시험에 합격하여 발령을 대기 중인 자, 공선에 의해 당선이 확정된 자 및 대통령, 국회의원 또는 지방자치단체장 선거의 입후자도 본죄의 주체로 본다는 견해가 있다.

1) 의의: 공무원 또는 중재인이 될 자가 그 담당할 직무에 관하여 청탁을 받고(의뢰에 응하기로 수락하는 일체의 행위경향으로 명시든 묵시든 무관하며 실행 행위의 착수가 됨) 뇌물을 수수·요구 또는 약속한(행위의 종료로 기수) 후 공무원 또는 중재인이 된 때 성립하는 범죄

2) 보호법익: 직무집행의 공정과 이에 대한 사회의 신뢰 및 직무행

위의 불가매수성(통설·판례)

3) 구성요건: 주체(공무원 또는 중재인이 될 자) + 행위(장차 담당할 직무에 관하여 뇌물을 수수·요구 또는 약속) + 고의(청탁을 받고 응낙과 뇌물을 수수·요구 또는 약속한다는 행위 사실의 인식·의사)

4) 처벌: 3년 이하의 징역 또는 7년 이하의 자격정지(수뢰액에 따라 특가법으로 처벌)

(다) 제3자 뇌물제공죄 (A:제3자 뇌물제공죄, B:단순증뢰죄)

☞사례: 경제기획원의 주무국장 A(제3자에게 뇌물을 주라고 지시한 자)는 B 회사(증뢰자)의 차관도입에 특혜를 주는 대신, 자기 동생이 회장으로 있는 조기축구회(제3자)에 300 기부하라고 B 회사에 지시했다.

* 주무국장 A는 제3자 뇌물제공죄, B회사는 증뢰자, 조기축구회(회장인 자기 동생)는 제3자로서 필요적 방조 행위에 대한 별도규정이 없는 한 처벌 못 함.

1) 의의: 공무원 또는 중재인이 그 직무에 관하여 부정한 청탁을 받고 제3자에게 뇌물을 공여(뇌물을 수수하도록 하는 것)하거나 공여를 요구 또는 약속함으로써(기수) 성립하는 범죄. 제3자에게 뇌물을 주라고 증뢰자에게 지시하는 범죄

뇌물을 받는 자가 공무원·중재인이 아닌 제3자가 받는 형태이고, 공무원·중재인과 제3자 사이에는 직·간접인 이해관계가 있다. 만약 공무원이 자기 처자 기타 생활관계를 같이하고

있는 동거 가족에게 뇌물을 공여할 것을 약속·요구하면 단
순수뢰죄가 성립한다. 즉, 가족이나 친지 또는 자기와 특별한
관계가 있는 집단의 이익은 공무원의 이익과 동일한 관계로
보기 때문이다.

2) 보호법익: 직무집행의 공정과 이에 대한 사회의 신뢰 및 직무
행위의 불가매수성(통설·판례)

3) 구성요건: 주체(공무원 또는 중재인) + 행위(그 직무에 관하여 부정한 청탁
을 받고 뇌물을 제3자에게 공여하게 하거나 공여를 요구 또는 약속하는 것) + 고
의(부정한 청탁을 받고 뇌물을 제3자에게 공여하게 하거나 공여를 요구 또는 약
속에 대한 인식·의사)

4) 처벌: 5년 이하의 징역 또는 10년 이하의 자격정지(수뢰액에 따라
특가법으로 가중처벌)

(라) 수뢰후부정처사죄 (A:수뢰후부정처사죄, K:단순증뢰죄)

> ☞사례: 사법경찰관 A는 피의자 K의 요청을 받아 50만 원의 뇌
> 물을 수수하고, 증거물의 압수를 포기하였다.

* 뇌물을 요구·약속한 후 직무위배행위를 하고, 다시 그 후에
뇌물을 수수한 경우라도 1죄만 성립함. 예컨대 사법경찰관 갑
이 피의자의 요청으로 사례금을 받기로 약속하고 증거물의 압
수를 포기한 후, 현금 50만 원을 받은 경우 사전수뢰죄와 수
뢰죄가 되는 것이 아니라 수뢰후부정처사죄만 된다.

* 직무에 위배된 모든 행위로 위법·부당한 행위, 직권남용행위,
법규위반행위, 재량권의 한계일탈이나 그 남용의 경우, 직무와

밀접한 관련행위 포함을 함으로써 성립하는 범죄. 수뢰 후 다시 부정행위를 한 죄

* 뇌물을 수수·요구·약속한 후 부정한 행위를 하지 않거나 양자 사이에 목적에 대한 연관관계가 없을 때에는 단순수뢰죄나 사전수뢰죄 또는 제3자 뇌물제공죄만 성립한다.

* 부정한 행위사례: 수사기록조서의 일부를 파기·소각, 입찰업무에 종사자가 최고가격과 최저가격의 내용을 응찰자에게 미리 알려 주는 경우, 세금의 면탈방법을 알려 주는 경우, 의원이 회의장에 불참하는 경우, 피의자의 요청에 따라 증거품의 압수를 중단하는 행위, 경찰관이 범죄인을 묵과해 버리는 경우 등

1) 의의: 공무원 또는 중재인이 단순수뢰죄(제129조 1항), 사전수뢰죄(제129조 2항), 제3자 뇌물공여죄(제130조)(앞 3가지 죄 중 한 가지의 수뢰죄)를 범하여 부정한 행위(부정한 행위만으로 기수가 됨)를 함으로써 범죄가 성립한다.

2) 보호법익: 직무집행의 공정과 이에 대한 사회의 신뢰 및 직무행위의 불가매수성(통설·판례)

3) 구성요건: 주체(공무원 또는 중재인, 공무원 또는 중재인이 되기 전 수뢰행위를 한 자) + 행위(그 직무에 관하여 부정한 행위) + 고의(수뢰행위와 부정행위와의 인과관계에 대한 인식·의사, 미필적 고의도 포함)

4) 처벌: 1년 이상의 유기징역에 처하고, 10년 이하의 자격정지 병과 가능하다.

부정처사가 공문서위조죄나 동 행사죄, 횡령죄 또는 배임죄를 구성할 때는 수뢰후부정처사죄와 상상적 경합이다.

(마) 부정처사후수뢰죄 (A:부정처사후수뢰죄, B:단순증뢰죄)

> ☞사례: 경찰관 A는 절도죄 혐의로 K파출소에서 조사받던 B가
> 조서를 유리하게 써 달라고 부탁하며 50만 원을 주려고
> 하자, 내일 경찰서로 전보되어 가니 그곳으로 가져오라
> 고 약속하고 조서를 유리하게 써 주고, 그 대가로 다음
> 날 받아 챙겼다.

* 직무위배행위를 한 후 뇌물을 수수·요구·약속하고, 다시 그
  후에 뇌물을 수수한 경우에도 부정처사후수뢰죄만 성립한다.

* 퇴직했다가 다시 동일한 직무에 취임하고서 퇴직 전의 위반행
  위에 관하여 뇌물을 수수하거나 또는 제3자에게 공여하게 한
  때에는 부정처사후수뢰죄가 성립한다.

* 부정한 행위가 동시에 허위공문서작성죄·공문서위조죄나 그
  행사죄, 횡령죄, 배임죄 등에 해당할 때는 본죄와 상상적 경합
  관계이다.

1) 의의: 공무원 또는 중재인이 그 직무상 부정행위(부정한 행위만으
   로 기수가 됨. 직무에 위배된 모든 행위로 위법·부당한 행위, 직권남용행위, 법규
   위반행위, 재량권의 한계일탈이나 그 남용의 경우, 직무와 밀접한 관련행위 포함)
   를 한 후, 뇌물을 수수·요구 또는 약속하거나, 제3자에게 이
   를 공여하게 하거나, 공여를 요구 또는 약속함으로써 성립하
   는 범죄(먼저 부정행위를 한 후 뇌물 수수로 퇴직이 아닌 전직 후 수뢰한 때)

2) 보호법익: 직무집행의 공정과 이에 대한 사회의 신뢰 및 직무
   행위의 불가매수성(통설·판례)

3) 구성요건: 주체(현재 공무원 또는 중재인이 먼저 부정행위를 한 뒤에 수뢰행위를 한 자)＋행위(그 직무에 관하여 뇌물을 수수·요구 또는 약속＋부정행위)＋고의(부정행위와 수뢰행위 간에 인과관계에 대한 인식·의사, 미필적 고의로도 충분)

4) 처벌: 1년 이상의 유기징역에 처하고, 10년 이하의 자격정지 병과 가능하다.

(바) 사후수뢰죄 (A:사후수뢰죄, K:단순증뢰죄)

> ☞사례: 국립학교에 재직 중인 교사 A는 자기 반 B학생의 모친 K으로부터 아들이 대학에 다니는 것이 소원이라 하며, 무단결석 3회를 병결로 처리해 주라고 부탁하자, 별일 없겠지 하는 생각으로 고쳐 주어 대학에 합격하도록 하였다. 교사는 그 후 퇴직하여 쉬고 있는데, 학부형이 찾아와 내 성의이니 "옷이나 사세요." 하며 50만 원을 주자 받아 넣었다.

* 공무원이 부정한 행위를 하고 퇴직했다가 다시 동일한 직무에 취임하고서 퇴직 전의 직무위배행위에 관하여 대가로 뇌물을 수수하거나 또는 제3자에게 공여케 한 때에는 부정처사후수뢰죄가 성립한다.

1) 의의: 공무원 또는 중재인이었던 자가 그 재직 중에 청탁을 받고 부정한 행위를 한 후 퇴직하여 그 신분이 없는 상태에서 뇌물을 수수·요구 또는 약속함으로써 성립하는 범죄(퇴직이 아닌 전직 후 수뢰한 때는 부정처사후수뢰죄가 성립한다.)

2) 보호법익: 직무집행의 공정과 이에 대한 사회의 신뢰 및 직무
행위의 불가매수성(통설·판례)

3) 구성요건: 주체(공무원 또는 중재인이었던 자)＋행위(그 재직 중에 청탁을
받고 부정한 행위를 한 후, 신분 없는 상태에서 뇌물을 수수·요구 또는 약속)＋
고의(청탁을 받고 부정한 행위를 한 후, 신분이 없는 상태에서 뇌물을 수수·요
구 또는 약속에 대한 인식·의사)

4) 처벌: 5년 이하의 징역 또는 10년 이하의 자격정지 병과 가능
하다(수뢰액에 따라 특가법으로 처벌)

(사) 알선수뢰죄 (A:알선수뢰죄, K:단순증뢰죄)

☞**사례: 경찰서장 A는 상공부의 B과장에게 친지 K의 일을 부탁하
고 그 사례금을 받아 부하직원의 후생비에 사용하였다.**

* 알선 수뢰한 금원 중 일부를 증뢰한 때에는 알선수뢰죄와 증
뢰죄의 실체적 경합
* 알선의사를 가지고서 다만 그 내용에 관해 상대방을 속여 재
물을 교부받았다면 알선수뢰죄와 사기죄의 상상적 경합
* 특가법 제3조의 알선수재죄는 그 주체가 일반인으로 공무원의
직무에 속한 사항의 알선·청탁과 관련하여 금품 등을 수수
또는 약속한 때는 알선수재죄와 변호사법위반죄와의 상상적
경합이 된다.

1) 의의: 공무원이 그 지위를 이용하여(공무원의 지위 고하는 불문하나 적
어도 직무를 처리하는 공무원과 직무상 직·간접적으로 연관을 가지고 법률상·사

실상 영향을 미칠 수 있는 공무원일 것) 다른 공무원의 직무(직·간접 영향
력으로)에 속한 사항의 알선(일정한 사항을 중개하여 양 당사자 간에 교섭이
성립되도록 편의 제공. 예컨대 명함·소개장에 선처요망 등의 기재)에 관하여
뇌물을 수수·요구 또는 약속(기수)함으로써 성립하는 범죄

2) 보호법익: 직무집행의 공정과 이에 대한 사회의 신뢰과 직무
행위의 불가매수성에 대한 일반의 신뢰

3) 구성요건: 주체(공무원만)＋행위(그 지위를 이용·알선하고 뇌물을 수수·
요구 또는 약속)＋고의(행위자 자신이 공무원이라는 점, 다른 공무원의 직무에
속한 사항을 알선한다는 점 및 그에 대한 대가로 뇌물을 수수·요구 또는 약속한
다는 점에 관한 인식·의사)

4) 처벌: 3년 이하의 징역 또는 7년 이하의 자격정지(수뢰액에 따라
특가법으로 가중처벌)

◉ 증뢰(贈賂)에 관한 죄

(아) 단순증뢰죄 (A:단순수뢰죄, B:단순증뢰죄)

> ☞사례: 세무공무원 A는 B 주점의 면세혜택을 주는 대가로 300
> 만 원을 요구하자 다음 날 주기로 약속하였다.

* 본죄는 공무원 또는 중재인에게 직접 뇌물을 공여하거나, 제3
자를 통하여 공여하는 범죄

1) 의의: 공무원 또는 중재인에게 직무와 관련하여(형법 제129조 내지
제132조에 기재) 뇌물을 약속(직무행위 전·후)·공여(수뢰죄의 수수·약속

과 필요적 공범, 공무원의 처나 동거 가족에게 주어도 공여가 됨. 공무원이 증거포
착을 위해 일단 받아 둔 경우에는 뇌물공여죄만 성립) 또는 공여의 의사를
표시(상대방이 인지상태에 이르면 기수)함으로써 성립하는 범죄

2) 보호법익: 직무집행의 공정과 이에 대한 사회의 신뢰 및 직무
   행위의 불가매수성(통설·판례)

3) 구성요건: 주체(일반인, 공무원이거나 비공무원이거나 불문) + 행위(수뢰행
   위를 교사·방조하는 독립범죄. 뇌물을 약속·공여 또는 공여의 의사표시) + 고
   의(주관적 구성요건·요소로서 직무에 관하여 증뢰한다는 것에 대한 인식·의사,
   미필적 고의로도 충분. 단, 공여의사표시죄의 성립에는 공무원이 뇌물인 것에 대
   한 인식불요)

4) 처벌: 5년 이하의 징역 또는 2천만 원 이하의 벌금

5) 공범관계

 * 공모하여 금품의 교부나 향연제공을 한 경우에 현실로 출비
   를 하지 않은 자도 증뢰죄의 공동정범

 * 수뢰자가 누구인지 몰랐어도 공모자 모두 공동정범

 * 증뢰액이 부족함을 알고 금전을 대여하는 것은 증뢰죄의 종범

(자) 증뢰물전달죄 (A:단순수뢰죄, K:증뢰물전달죄)

> ☞사례: 세무공무원 A는, B주점에게 면세혜택을 주는 대가로
> 100만 원을 요구하자, B주점의 주인은 친구인 K에게
> 대신 전달하라고 돈을 주었다.

 * A는 단순수뢰죄, K는 증뢰물전달죄, B와 K는 단순증뢰죄의
   공범, 여기서 증뢰물전달죄와 단순증뢰죄는 범죄 성격 면에서
   동일하게 취급되나 독립된 명칭으로 사용함. 주의할 점은 제3

자인 K에게 증뢰물전달죄 외에 별도로 뇌물공여죄가 성립하지 않는다.

* 제3자가 받은 금품을 뒤에 수뢰예정자에게 전달이나 또는 교부자에게 반환 여부와는 상관없이 증뢰물전달죄가 성립하고, 공무원이 제3자로부터 전달받은 금품을 증뢰자에게 곧바로 반환한 경우라도 증뢰물전달죄는 성립한다.

* 수뢰죄가 성립하지 않아도 증뢰물전달죄는 성립한다.

1) 의의: 증뢰죄에 쓸 목적으로 제3자에게 금품을 교부하거나 그 정을 알면서 교부를 받음으로써 성립하는 범죄이다.

2) 보호법익: 직무집행의 공정과 이에 대한 사회의 신뢰 및 직무행위의 불가매수성(통설·판례)

3) 구성요건: 주체(공무원이건 비공무원이건 불문) + 행위(금품을 교부 또는 그 정을 알면서 교부받는 것) + 고의(제3자에게 금품을 교부한다는 점 또는 그 정을 알면서 그 교부를 받는 점에 대한 인식과 의사. 금품이 증뢰행위에 제공된다는 사실에 대해서 직접고의·미필적 고의로도 충분)

4) 처벌: 5년 이하의 징역 또는 2천만 원 이하의 벌금

5) 공범관계

* 공모 후 금품의 교부나 향응을 제공한 경우에는 현실로 출연치 않아도 증뢰죄의 공동정범

* 증뢰액의 부족분을 알고 대여해 준 경우는 증뢰죄의 방조범

제6절 몰수 및 추징

(1) 판례

o 뇌물이 반환된 때는 ⇒ 증뢰자로부터 몰수, 추징

o 수수한 뇌물의 일부를 다시 타인에게 증뢰한 때는 ⇒ 제1수뢰
자로부터 전액 몰수

o 수뢰자가 수뢰한 뇌물을 소비하고 같은 액수의 금원을 증뢰자
에게 반환한 때 ⇒ 수뢰자로부터 추징

o 뇌물로 받은 자기앞수표를 소비하고 그 금액만큼 반환한 때
⇒ 수뢰자로부터 추징

o 뇌물을 은행에 예치한 후 같은 액수의 돈을 반환한 때(돈 세
탁) ⇒ 금품인 경우에는 증뢰자로부터 몰수하고, 수뢰자로부터
같은 금액 추징

o 수수한 뇌물을 공동으로 소비했거나 분배액이 분명치 않을 때
⇒ 평등 분할하여 추징

o 수뢰한 돈을 증뢰자에게 반환하고 그것을 증뢰자가 매각처분
이나 소비한 때 ⇒ 증뢰자로부터 가액 추징

o 공범관계가 인정되지 않는 제3자에게 금품의 일부를 나누어 주었더라도 소비의 일부이므로 ⇒ 전액을 수뢰자로부터 추징

o 뇌물인 돈을 다른 곳에 증뢰 또는 공무종사자들의 숙식비, 차량운행비 등으로 소비했을 때 ⇒ 수뢰자로부터 추징

o 수표를 은행에 예금했다가 액면상당액을 증뢰자에게 반환한 때 ⇒ 수뢰자로부터 추징

o 뇌물의 분배액을 알 수 없거나 공동으로 소비한 때 ⇒ 수뢰자로부터 평등하게 몰수, 추징

(2) 학설

o 뇌물을 현재 보유하고 있는 자 ⇒ 현재 보유한 자로부터 몰수, 추징

o 뇌물이 수뢰자의 수중에 있을 때 ⇒ 수뢰자로부터 몰수, 추징

o 뇌물이 증뢰자의 수중에 있을 때 ⇒ 증뢰자로부터 몰수

o 수인이 공동으로 뇌물을 수수한 때 ⇒ 각자가 실제 분배받은 금품을 몰수하거나 그 가액을 추징

제7절 판례연습

1. 공무원이 실질적인 경영자로 있는 회사가 청탁 명목의 금원을 회사 명의의 예금계좌로 송금받은 경우에 뇌물수수죄가 될까요?

뇌물수수죄가 됩니다.

사회통념상 공무원이 직접 받는 것과 동일하게 평가하기 때문입니다.

(대판 2004. 3. 26. 2003도8077)

2. 공무원이 뇌물로 투기적 사업에 참여할 기회를 제공받았지만, 경제사정의 변동 등으로 인하여 아무런 이득을 얻지 못했는데도 뇌물수수죄가 될까요?

뇌물수수죄가 됩니다.

뇌물수수죄의 기수 시기는 '투기적 사업에 참여하는 기회(행위)가 종료된 때'로 봅니다.

(대판 2002. 11. 26. 2002도3539)

3. 산악회의 지부가 사업자로부터 등반대회 행사용 수건을 교부받았
   을 경우 뇌물수수죄가 될까요?

뇌물수수죄가 되지 않습니다.

산악회 지부의 고문으로 있는 군수가 이를 교부받은 것과 동일시하기에는 부족하기
때문입니다.

(대판 2002. 4. 9. 2001도7056)

4. 군대에서 일차 진급 평정권자가 그 평정업무와 관련하여 진급대
   상자로 하여금 자신의 은행대출금채무에 연대보증하게 한 행위는
   수뢰죄가 될까요?

뇌물수수죄가 됩니다.

직무와 관련하여 이익인 뇌물을 받는 것이 되기 때문입니다.

(대판 2001. 1. 5. 2000도4714)

5. 음주운전을 적발하여 단속에 관련된 제반 서류를 작성한 후 운전
   면허 취소업무를 담당하는 직원에게 이를 인계하는 업무를 담당
   하는 경찰관이 피단속자로부터 운전면허가 취소되지 않도록 하여
   달라고 청탁을 받고 금원을 교부받았을 경우 뇌물수수죄가 될까
   요?

뇌물수수죄가 됩니다.

직무와 관련하여 뇌물을 받는 것이 되기 때문입니다.

(대판 1999. 11. 9. 99도2530)

6. 뇌물죄에 있어서 금품을 수수한 장소가 공개된 장소이고, 금품을
   수수한 공무원이 이를 부하직원들을 위하여 전액 소비하였을 뿐
   자신의 사리를 취한 바 없었을 경우에도 뇌물수수죄가 될까요?

뇌물수수죄가 됩니다.

공개된 장소나 본인의 사리를 취한 바 없었다 하더라도 직무행위의 대가로 보아
금품(뇌물)을 받는 것이 되기 때문입니다.

(대판 1996. 6. 14. 96도865)

7. 뇌물은 일단 영득의 의사로 수수한 것이라면 약 2개월 후에 이
   를 반환하였다면 뇌물수수죄가 될까요?

뇌물수수죄가 됩니다.

수수한 금원을 반환하였더라도 반환할 때까지의 기간에 비추어 일단영득의 의사가
충분하기 때문입니다.

(대판 1982. 11. 23. 82도1431)

8. 공무원이 직무집행의 의사 없이 또는 어느 직무처리와 대가적
   관계없이 타인을 공갈하여 재물의 교부를 받았다면 뇌물죄가 될
   까요?

공갈죄만 됩니다.

뇌물수수죄가 성립하려면 직무행위에 따른 대가적 관계가 있어야 합니다.

(대판 1966. 4. 6. 66도12)

9. 공사의 입찰업무를 담당하고 있는 장교가 비밀로 하여야 할 그 공사의 입찰예정 가격을 응찰자에게 미리 알려 주고, 입찰이 끝난 후 20여 일이 경과한 후 전속할 때 전별금 명목으로 금원을 받았다면 뇌물죄가 될까요?

사후수뢰죄가 됩니다.

입찰예정가격을 미리 알려 준 것은 부정한 직무행위이며, 전별금 명목의 금원은 대가에 따른 뇌물로 보기에

충분하기 때문입니다.

(대판 1983. 4. 26. 82도2095)

10. 토지구획정리사업 등의 업무를 담당하던 시청 도시계장이 토지구획 정리사업 시행 여부를 결정하기 위하여 현지에 답사차 내려온 건설부 소속 공무원들에게 청탁하여 사업시행인가가 날 수 있도록 하여 달라는 명목으로 지급하는 금원을 관련 사업자로부터 교부받았다면 수뢰죄가 될까요?

도시계장은 알선수뢰죄가 됩니다.

도시계장은 자기의 지위를 이용하여 건설부 공무원의 직무에 속한 사항의 알선의 대가로 관련사업자로부터 금원(뇌물)을 수수하였기 때문입니다.

(대판 1991. 7. 23. 91도1190)

11. 재개발주택조합의 조합장이 그 재직 중 고소하거나 고소당한 사
    건의 수사를 담당한 경찰관에게 액수 미상의 프리미엄이 예상되
    는 그 조합아파트 1세대를 분양해 준 경우, 증뢰죄가 될까요?

뇌물공여죄가 됩니다.

경찰관에게 조합장의 직무와 관련하여 예상되는 프리미엄이 불확실하더라도

분양계약을 체결한 자체가 경제적인 이익(뇌물)이라고 볼 수 있기 때문입니다.

(대판 2002. 11. 26. 2002도3539)

12. 증뢰자나 수뢰자가 아닌 제3자가 증뢰자로부터 수뢰할 사람에
    게 전달될 금품이라는 정을 알면서 그 금품을 받으면 증뢰물전
    달죄가 되나요?

증뢰물전달죄가 됩니다.

증뢰죄에 쓸 목적이라는 점을 제3자가 그 사정을 알고 금품을 받았기에 범죄 성립이

충분합니다.

(대판 1982. 11. 23. 82도1431)

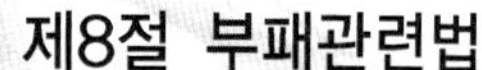

제8절 부패관련법

Ⅰ. 부패방지법

[1] **입법취지:** 부패의 발생을 예방함과 동시에 부패행위를 효율적으로 규제함으로써 청렴한 공직 및 사회풍토의 확립에 이바지함을 그 목적으로 2001. 7. 24 법률 제6494호로 입법화하였다. 그 주요한 내용으로는 공무원의 부정부패를 방지하기 위하여 국가청렴위원회를 설치하고(제10조 및 제24조), 부패행위신고자에 대한 보호 및 보상(제25조, 제32조, 제35조, 제36조 내지 제39조), 국민의 부패감사청구권(제40조 내지 제44조) 등을 규정하고 있다.

[2] **적용대상:** 공공기관과 공직자의 부패행위를 주된 적용대상으로 하며, 공직자란 공공기관에 근무하는 자를 뜻한다.

[3] **용어정의**

① **"공공기관"** – 다음 각 목의 1에 해당하는 기관·단체를 말한다.

　가. 정부조직법에 의한 각급 행정기관과 지방자치법에 의한 지

방자치단체의 집행기관 및 지방의회

나. 지방교육자치에관한법률에 의한 교육감, 교육청 및 교육위
원회

다. 국회법에 의한 국회, 법원조직법에 의한 각급 법원, 헌법재
판소법에 의한 헌법재판소, 선거관리위원회법에 의한 각급
선거관리위원회, 감사원법에 의한 감사원

라. 공직자윤리법 제3조 제1항 제10호의 규정에 의한 공직유
관단체

② "공직자" 다음 각 목의 1에 해당하는 자를 말한다.

가. 국가공무원법, 지방공무원법에 의한 공무원과 그 밖의 다
른 법률에 의하여 그 자격 임용, 교육 훈련 복무 보수 신
분보장 등에 있어서 공무원으로 인정된 자

나. 제1호 라 목의 규정에 의한 공직유관단체의 장 및 그 직원

③ "부패행위" 다음 각 목의 1에 해당하는 행위를 말한다.

가. 공직자가 직무와 관련하여 그 지위 또는 권한을 남용하거나
법령을 위반하여 자기 또는 제3자의 이익을 도모하는 행위

나. 공공기관의 예산사용, 공공기관 재산의 취득 관리 처분 또
는 공공기관을 당사자로 하는 계약의 체결 및 그 이행에
있어서 법령에 위반하여 공공기관에 대하여 재산상 손해를
가하는 행위

[4] **본법 제10조**(국가청렴위원회설치) 국가청렴도의 향상 및 부
패방지에 관한 업무를 수행하기 위하여 대통령 소속하에 국
가청렴위원회(이하 "위원회"라 한다.)를 둔다.

[5] **본법 제23조**(벌칙적용에 있어서 공무원 의제) 위원회의 위원 중 공무원이 아닌 위원과 전문위원은 위원회의 업무와 관련하여 형법 그 밖의 법률에 의한 벌칙의 적용에 있어서 이를 공무원으로 본다.

[6] **본법 제24조**(조직 및 운영) 이 법에 규정된 사항 외에 위원회의 조직 및 운영 등에 관하여 필요한 사항은 대통령령으로 정한다.

[7] **본법 제25조**(부패행위의 신고) 누구든지 부패행위를 알게 된 때에는 이를 위원회에 신고할 수 있다.

[8] **본법 제26조**(공직자의 부패행위 신고의무) 공직자는 그 직무를 행함에 있어 다른 공직자가 부패행위를 한 사실을 알게 되었거나 부패행위를 강요 또는 제의받은 경우에는 지체 없이 이를 수사기관·감사원 또는 위원회에 신고하여야 한다.

[9] **본법 제31조**(재정신청)

① 제29조 제4항 및 제5항의 규정에 의한 혐의대상자의 부패혐의가 형법 제129조 내지 제133조와 제355조 내지 제357조(다른 법률에 의하여 가중 처벌되는 경우를 포함한다.)에 해당되어 위원회가 직접 검찰에 고발한 경우, 그 고발한 사건과 동일한 사건이 이미 수사 중에 있거나 수사 중인 사건과 관련된 경우에는 그 사건 또는 그 사건과 관련된 사건에 대하여 위원회가

검사로부터 공소를 제기하지 아니한다는 통보를 받았을 때
에는 위원회는 그 검사 소속의 고등검찰청에 대응하는 고등
법원에 그 당부에 관한 재정을 신청할 수 있다. [개정 2007. 6.
1. 제8496호(형사소송법)] [시행일 2008. 1. 1]

② 제1항의 규정에 의한 재정신청에 관해서는 「형사소송법」 제
260조 제2항부터 제4항까지, 제261조, 제262조, 제262조의 4,
제264조 및 제264조의 2를 적용한다. [개정 2007. 6. 1. 제8496호(형
사소송법)] [시행일 2008. 1. 1]

③ 삭제 [2007. 6. 1. 제8496호(형사소송법)] [시행일 2008. 1. 1]

④ 제1항의 규정에 의한 재정신청에 관해서는 검사가 당해 범죄
의 공소시효 만료일 전 10일까지 공소를 제기하지 아니한 때
에는 제29조 제4항의 규정에 의하여 위원회가 수사 의뢰한 때
에는 수사 의뢰한 날부터 3개월까지 검사가 공소를 제기하지
아니한 때에는 그 3개월이 경과한 때 각각 검사로부터 공소를
제기하지 아니한다는 통지가 있는 것으로 본다.

[10] 본법 제32조(신분보장 등)

① 누구든지 이 법에 의한 신고나 이와 관련한 진술, 그 밖에
자료 제출 등을 한 이유로 소속기관·단체·기업 등으로부
터 징계조치 등 어떠한 신분상 불이익이나 근무조건상의 차
별을 받지 아니한다. [개정 2005. 7. 21]

② 누구든지 신고를 한 이유로 신분상 불이익이나 근무조건상
의 차별을 당하였거나 당할 것으로 예상되는 때에는 위원회
에 해당 불이익처분의 원상회복·전직·징계의 보류 등 신

분보장조치와 그 밖에 필요한 조치를 요구할 수 있다. [개정 2005. 7. 21]

③ 누구든지 신고로 인하여 인·허가 등의 취소, 계약의 해지 등 경제적·행정적 불이익을 당한 때에는 위원회에 원상회복 또는 시정을 위하여 인허가, 계약 등의 잠정적인 효력유지 등 필요한 조치를 요구할 수 있다. [신설 2005. 7. 21]

④ 제2항 또는 제3항의 규정에 의한 요구가 있는 경우 위원회는 조사에 착수하여야 한다. [개정 2005. 7. 21]

⑤ 위원회는 다음 각 호의 방법으로 제4항의 규정에 의한 조사를 할 수 있다. [개정 2005. 7. 21]

 1. 요구인 또는 참고인에 대한 출석요구 및 진술청취 또는 진술서 제출요구

 2. 요구인, 참고인 또는 관계기관 등에 대하여 조사사항과 관련이 있다고 인정되는 자료 등의 제출요구

 3. 요구인, 참고인 또는 관계기관 등에 대하여 조사사항과 관련이 있다고 인정되는 사실 또는 정보에 대한 조회

⑥ 제5항 각 호의 요구·조회·조치를 받은 사람은 이에 성실히 응하여야 한다. [개정 2005. 7. 21]

⑦ 위원회는 조사결과 공직자로부터 요구된 내용이 타당하다고 인정한 때에는 요구자의 소속기관의 장에게 적절한 조치를 요구할 수 있다. 이 경우 위원회로부터 요구를 받은 당해 기관의 장은 정당한 사유가 없는 한 이에 따라야 한다. [개정 2005. 7. 21]

⑧ 위원회는 조사결과 공직자가 아닌 자로부터 요구된 내용이

타당하다고 인정한 때에는 관계 기관의 장 또는 요구자가
소속한 단체·기업 등의 장에게 적절한 조치를 권고할 수
있다. [개정 2005. 7. 21]

⑨ 공직자인 신고자가 위원회에 전직, 전출·전입, 파견근무 등
의 인사에 관한 조치를 요구한 경우 위원회는 그 요구내용
이 타당하다고 인정하는 때에는 중앙인사위원회 또는 관련
기관의 장에게 필요한 조치를 요구할 수 있다. 이 경우 위원
회로부터 요구를 받은 중앙인사위원회 또는 관련 기관의 장
은 이를 우선적으로 고려하여야 하며, 그 결과를 위원회에
통보하여야 한다. [개정 2005. 7. 21]

⑩ 위원회는 제1항을 위반한 자에 대하여 징계권자에게 징계요
구를 할 수 있다. [본조제목개정 2005. 7. 21]

[11] 본법 제35조(책임의 감면 등)

① 이 법에 의한 신고를 함으로써 그와 관련된 자신의 범죄가 발견
된 경우 그 신고자에 대하여 형을 감경 또는 면제할 수 있다.

② 제1항의 규정은 공공기관의 징계처분에 관하여 이를 준용한다.

③ 이 법에 의하여 신고한 경우에는 다른 법령, 단체협약 또는
취업규칙 등의 관련 규정에 불구하고 직무상 비밀 준수 의
무를 위반하지 않는 것으로 본다. [신설 2005. 7. 21] [본조제목개정
2005. 7. 21]

[12] 본법 제36조(포상 및 보상)

① 위원회는 이 법에 의한 신고에 의하여 현저히 공공기관에

재산상 이익을 가져오거나 손실을 방지한 경우 또는 공익의
증진을 가져온 경우에는 신고를 한 자에 대하여 상훈법 등
의 규정에 따라 포상을 추천할 수 있으며, 대통령령이 정하
는 바에 따라 포상금을 지급할 수 있다. [개정 2005. 7. 21]

② 부패행위의 신고자는 이 법에 의한 신고로 인하여 직접적인
공공기관 수입의 회복이나 증대 또는 비용의 절감을 가져오
거나 그에 관한 법률관계가 확정된 때에는 위원회에 보상금
의 지급을 신청할 수 있다. 이 경우 보상금은 불이익처분에
대한 원상회복 등에 소요된 비용을 포함한다. [개정 2005. 7. 21]

③ 위원회는 제2항의 규정에 의한 보상금의 지급신청을 받은 때
에는 제37조의 규정에 의한 보상심의위원회의 심의·의결을
거쳐 대통령령이 정하는 바에 따라 보상금을 지급하여야 한
다. 다만, 공직자가 자기 직무와 관련하여 신고한 사항에 대
해서는 보상금을 감액하거나 지급하지 아니할 수 있다.

④ 제2항의 규정에 의한 보상금의 지급신청은 공공기관 수입의
회복이나 증대 또는 비용의 절감에 관한 법률관계가 확정되
었음을 안 날부터 2년 이내에 하여야 한다. [개정 2005. 7. 21]

[13] 본법 제37조(보상심의위원회)

① 위원회는 제36조 제1항 및 제2항의 규정에 의한 포상금 및
보상금의 지급에 관한 사항을 심의·의결하기 위하여 보상
심의위원회를 둔다. [개정 2005. 7. 21]

② 보상심의위원회는 다음 각 호의 사항을 심의·의결한다. [개
정 2005. 7. 21]

1. 포상금 및 보상금 지급요건에 관한 사항

2. 포상금 및 보상금 지급액에 관한 사항

3. 그 밖에 포상금 및 보상금 지급에 관한 사항

③ 보상심의위원회의 구성 및 운영에 관하여 필요한 사항은 대통령령으로 정한다.

[14] **본법 제38조**(보상금의 지급결정 등)

① 위원회는 제36조의 규정에 의한 보상금의 지급신청이 있는 때에는 특별한 사유가 없는 한 신청일로부터 90일 이내에 그 지급 여부 및 지급금액을 결정하여야 한다.

② 위원회는 제1항의 규정에 의한 보상금 지급결정이 있은 때에는 즉시 이를 신청인에게 통지하여야 한다.

[15] **본법 제39조**(다른 법령과의 관계)

① 제36조의 규정에 의한 보상금을 지급받을 자는 다른 법령의 규정에 의하여 보상금을 청구하는 것이 금지되지 아니한다.

[개정 2005. 7. 21]

② 보상금을 지급받을 자가 동일한 원인에 기하여 이 법에 의한 포상금을 받았거나 또는 다른 법령의 규정에 의하여 보상을 받은 경우 그 포상금 또는 보상금의 액수가 이 법에 의하여 받을 보상금의 액수와 같거나 이를 초과하는 때에는 보상금을 지급하지 아니하며, 그 포상금 또는 보상금의 액수가 이 법에 의하여 지급받을 보상금의 액수보다 적은 때에는 그 금액을 공제하고 보상금의 액수를 정하여야 한다.

[개정 2005. 7. 21]

③ 다른 법령의 규정에 의하여 보상을 받을 자가 동일한 원인
에 기하여 이 법에 의한 보상금을 지급받았을 때에는 그 보
상금의 액수를 공제하고 다른 법령의 규정에 의한 보상금의
액수를 정하여야 한다. [개정 2005. 7. 21]

[16] 본법 제40조(국민감사청구권)

① 20세 이상의 국민은 공공기관의 사무처리가 법령위반 또는
부패행위로 인하여 공익을 현저히 해하는 경우 대통령령이
정하는 일정한 수 이상의 국민의 연서로 감사원에 감사를 청
구할 수 있다. 다만, 국회·법원·헌법재판소·선거관리위원
회 또는 감사원의 사무에 대해서는 국회의장·대법원장·헌
법재판소장·중앙선거관리위원회 위원장 또는 감사원장(이하
"당해 기관의 장"이라 한다.)에게 감사를 청구하여야 한다.

② 제1항의 규정에도 불구하고 다음 각 호의 1에 해당하는 사
항은 감사청구의 대상에서 제외한다.

1. 국가의 기밀 및 안전보장에 관한 사항

2. 수사·재판 및 형 집행(보안처분·보안관찰처분·보호처분·보호관찰처
분·보호감호처분·치료감호처분·사회봉사명령을 포함한다.)에 관한 사항

3. 사적인 권리관계 또는 개인의 사생활에 관한 사항

4. 다른 기관에서 감사하였거나 감사 중인 사항. 다만, 다른 기
관에서 감사한 사항이라도 새로운 사항이 발견되거나 중요
사항이 감사에서 누락된 경우에는 그러하지 아니하다.

5. 그 밖에 감사를 실시하는 것이 적절하지 아니한 정당한 사

유가 있는 경우로서 대통령령이 정하는 사항

③ 제1항의 규정에도 불구하고 지방자치단체와 그 장의 권한에 속하는 사무의 처리에 대한 감사청구는 「지방자치법」 제16조의 규정에 따른다. [개정 2007. 5. 11 제8423호(지방자치법)]

[17] **본법 제41조**(감사청구의 방법) 감사청구를 하고자 하는 자는 대통령령이 정하는 바에 따라 청구인의 인적 사항과 감사청구의 취지 및 이유를 기재한 기명의 문서로 하여야 한다.

[18] **본법 제42조**(감사실시의 결정)

① 제40조 제1항 본문의 규정에 의하여 감사 청구된 사항에 대해서는 감사원규칙이 정하는 국민감사청구심사위원회에서 감사실시 여부를 결정하여야 한다.

② 제40조 제1항 단서의 규정에 의하여 당해 기관의 장이 감사청구를 접수한 때에는 그 접수한 날로부터 30일 이내에 국회규칙·대법원규칙·헌법재판소규칙·중앙선거관리위원회규칙 또는 감사원규칙이 정하는 바에 따라 감사실시 여부를 결정하여야 한다.

③ 감사원 또는 당해 기관의 장은 감사청구가 이유 없다고 인정하는 때에는 이를 기각하고, 기각을 결정한 날로부터 10일 이내에 그 사실을 감사청구인에게 통보하여야 한다.

[19] **본법 제43조**(감사청구에 의한 감사)

① 감사원 또는 당해 기관의 장은 감사를 실시하기로 결정한

날로부터 60일 이내에 감사를 종결하여야 한다. 다만, 정당한 사유가 있는 경우에는 그 기간을 연장할 수 있다.

② 감사원 또는 당해 기관의 장은 감사가 종결된 날로부터 10일 이내에 그 결과를 감사청구인에게 통보하여야 한다.

[20] **본법 제44조**(운영) 이 법에서 정한 사항 외에 국민감사청구에 관하여 필요한 사항은 국회규칙·대법원규칙·헌법재판소규칙·중앙선거관리위원회규칙 또는 감사원규칙이 정하는 바에 따른다.

[21] **본법 제50조**(업무상 비밀이용의 죄)

① 공직자가 업무처리 중 알게 된 비밀을 이용하여 재물 또는 재산상의 이익을 취득하거나 제3자로 하여금 취득하게 한 때에는 7년 이하의 징역 또는 5천만 원 이하의 벌금에 처한다.

② 제1항의 경우 징역과 벌금은 이를 병과할 수 있다.

③ 제1항의 죄를 범한 자 또는 그 정을 아는 제3자가 제1항의 죄로 인하여 취득한 재물 또는 재산상의 이익은 이를 몰수 또는 추징한다.

Ⅱ. 공직자윤리법

[1] **입법취지:** 이 법은 공직자 및 공직후보자의 재산등록, 등록재산 공개 및 재산형성과정소명과 공직을 이용한 재산취득의

규제, 공직자의 선물신고 및 주식백지신탁, 퇴직공직자의 취업제한 등을 규정함으로써 공직자의 부정한 재산 증식을 방지하고, 공무집행의 공정성을 확보하여 국민에 대한 봉사자로서 가져야 할 공직자의 윤리를 확립함을 목적으로 한다. [전문개정 2009. 2. 3] 제1장 총칙 <개정 2009. 2. 3> [시행 2009. 2. 3] [법률 제9402호, 2009. 2. 3, 일부개정]

[2] **본법 제2조**(생활보장 등) 국가는 공직자가 공직에 헌신할 수 있도록 공직자의 생활을 보장하고, 공직윤리의 확립에 노력하여야 한다. [전문개정 2009. 2. 3]

[3] **본법 제2조의 2**(이해충돌 방지 의무)

① 국가 또는 지방자치단체는 공직자가 수행하는 직무가 공직자의 재산상 이해와 관련되어 공정한 직무수행이 어려운 상황이 일어나지 아니하도록 노력하여야 한다.

② 공직자는 자신이 수행하는 직무가 자신의 재산상 이해와 관련되어 공정한 직무수행이 어려운 상황이 일어나지 아니하도록 직무수행의 적정성을 확보하여 공익을 우선으로 성실하게 직무를 수행하여야 한다. [전문개정 2009. 2. 3]

제1장 재산등록 및 공개 〈개정 2009. 2. 3〉

[4] **본법 제3조**(등록의무자 <개정 2009. 2. 3>)

① 다음 각 호의 어느 하나에 해당하는 공직자(이하 "등록의무자"라 한다.)는 이 법에서 정하는 바에 따라 재산을 등록하여야 한

다. <개정 2009. 2. 3>

1. 대통령·국무총리·국무위원·국회의원 등 국가의 정무직
   공무원

2. 지방자치단체의 장, 지방의회의원 등 지방자치단체의 정무
   직공무원

3. 4급 이상의 일반직 국가공무원(고위공무원단에 속하는 일반직공무원
   을 포함한다.) 및 지방공무원과 이에 상당하는 보수를 받는 별
   정직공무원(고위공무원단에 속하는 별정직공무원을 포함한다.)

4. 대통령령으로 정하는 외무공무원과 4급 이상의 국가정보원
   직원 및 대통령실 경호공무원

5. 법관 및 검사

6. 헌법재판소 헌법연구관

7. 대령 이상의 장교 및 이에 상당하는 군무원

8. 교육공무원 중 총장·부총장·대학원장·학장(대학교의 학장을
   포함한다.) 및 전문대학의 장과 대학에 준하는 각종 학교의
   장, 특별시·광역시·도·특별자치도의 교육감·교육장 및
   교육위원

9. 총경(자치총경을 포함한다.) 이상의 경찰공무원과 소방정 및 지방
   소방정 이상의 소방공무원

10. 제3호부터 제7호까지 및 제9호의 공무원으로 임명할 수 있
    는 직위 또는 이에 상당하는 직위에 채용된 계약직공무원

11. 「공공기관의 운영에 관한 법률」에 따른 공기업(이하 "공기업"
    이라 한다.)의 장·부기관장 및 상임감사, 한국은행의 총재·
    부총재·감사 및 금융통화위원회의 추천직 위원, 금융감독

원의 원장·부원장 및 감사, 농업협동조합중앙회·수산업
협동조합중앙회의 회장 및 상임감사

12. 제3조의 2에 따른 공직유관단체(이하 "공직유관단체"라 한다.)의
임원

13. 그 밖에 국회규칙, 대법원규칙 및 대통령령으로 정하는 특
정 분야의 공무원과 공직유관단체의 직원

② 삭제 <1993. 6. 11>

[5] 본법 제3조의 2(공직유관단체)

① 제9조 제2항 제8호에 따른 정부 공직자윤리위원회는 정부
또는 지방자치단체의 재정지원 규모, 임원선임 방법 등을
고려하여 다음 각 호에 해당하는 기관·단체를 공직유관단
체로 지정할 수 있다.

1. 한국은행

2. 공기업

3. 정부의 출자·출연·보조를 받는 기관·단체(재출자·재출연을 포
함한다.), 그 밖에 정부 업무를 위탁받아 수행하는 기관·단체

4. 「지방공기업법」에 따른 지방공사·지방공단 및 지방자치단
체의 출자·출연·보조를 받는 기관·단체(재출자·재출연을 포
함한다.), 그 밖에 지방자치단체의 업무를 위탁받아 수행하는
기관·단체

5. 임원 선임 시 중앙행정기관의 장 또는 지방자치단체의 장의
승인·동의·추천·제청 등이 필요한 기관·단체나 중앙행
정기관의 장 또는 지방자치단체의 장이 임원을 선임·임

명·위촉하는 기관·단체

② 제1항에 따른 공직유관단체의 지정기준 및 절차, 그 밖에 필요한 사항은 대통령령으로 정한다. [본조신설 2009. 2. 3]

[6] 본법 제4조(등록대상재산)

① 등록의무자가 등록할 재산은 다음 각 호의 어느 하나에 해당하는 사람의 재산(소유 명의와 관계없이 사실상 소유하는 재산, 비영리 법인에 출연한 재산과 외국에 있는 재산을 포함한다. 이하 같다.)으로 한다.

1. 본인

2. 배우자(사실상의 혼인관계에 있는 사람을 포함한다. 이하 같다.)

3. 본인의 직계존속·직계비속. 다만, 혼인한 직계비속인 여자와 외증조부모, 외조부모, 외손자녀 및 외증손 자녀는 제외한다.

② 등록의무자가 등록할 재산은 다음 각 호와 같다.

1. 부동산에 관한 소유권·지상권 및 전세권

2. 광업권·어업권, 그 밖에 부동산에 관한 규정이 준용되는 권리

3. 다음 각 목의 동산·증권·채권·채무 및 지식재산권(지식재산권)

   가. 소유자별 합계액 1천만 원 이상의 현금(수표를 포함한다.)

   나. 소유자별 합계액 1천만 원 이상의 예금

   다. 소유자별 합계액 1천만 원 이상의 주식·국채·공채·회사채 등 증권

   라. 소유자별 합계액 1천만 원 이상의 채권

마. 소유자별 합계액 1천만 원 이상의 채무

바. 소유자별 합계액 500만 원 이상의 금 및 백금(금제품 및 백금
제품을 포함한다.)

사. 품목당 500만 원 이상의 보석류

아. 품목당 500만 원 이상의 골동품 및 예술품

자. 권당 500만 원 이상의 회원권

차. 소유자별 연간 1천만 원 이상의 소득이 있는 지식재산권

카. 자동차·건설기계·선박 및 항공기

4. 합명회사·합자회사 및 유한회사의 출자 지분

5. 주식매수선택권

③ 제1항에 따라 등록할 재산의 종류별 가액(價額)의 산정방법
또는 표시방법은 다음과 같다.

1. 토지는 「부동산 가격공시 및 감정평가에 관한 법률」에 따른
개별공시지가(해당 토지의 개별공시지가가 없는 경우에는 같은 법 제9조에
따라 공시지가를 기준으로 산정한 금액을 말한다.) 또는 실 거래가격

2. 주택은 「부동산 가격공시 및 감정평가에 관한 법률」 제16
조 및 제17조에 따른 공시가격 또는 실 거래가격

3. 상가·빌딩·오피스텔, 그 밖의 부동산은 대지를 「부동산
가격공시 및 감정평가에 관한 법률」에 따른 개별공시지가
(해당 토지의 개별공시지가가 없는 경우에는 같은 법 제9조에 따라 공시지가를
기준으로 산정한 금액을 말한다.)로 산정한 가액과 건물을 국가 또
는 지방자치단체가 고시하는 공정가액 중 최고가액(취득가액
이 있는 경우에는 취득가액을 함께 쓴다.)으로 산정한 가액의 합계액
또는 실 거래가격

4. 부동산에 관한 규정이 준용되는 권리는 실 거래가격이나 전
   문가 등의 평가액 그리고 종류·수량·내용 등 명세

5. 현금·예금·채권 및 채무는 해당 금액

6. 국채·공채·회사채 등 유가증권은 액면가

7. 주식 중 한국거래소에 상장된 주권과 「자본시장과 금융 투
   자업에 관한 법률」 제166조에 따라 장외 거래되는 주식
   중 증권시장과 유사한 방법으로 거래되는 주식은 재산등록
   기준일의 최종거래가격(거래가 재산등록 기준일 전에 마감된 경우에는
   마감일의 최종거래가격. 다만, 「자본시장과 금융 투자업에 관한 법률」 제166
   조에 따라 장외 거래되는 주식 중 증권시장과 유사한 방법으로 거래되는 주식
   의 경우에는 대통령령으로 정하는 거래가격을 말한다.), 그 외의 주식은
   액면가

8. 합명회사·합자회사 및 유한회사의 출자지분은 출자가액과
   지분비율 및 최근 사업연도의 회사 연간매출액

9. 금 및 백금(금제품 및 백금제품을 포함한다.)은 실 거래가격이나 신
   고일 현재의 시장가격 그리고 종류·함량과 중량

10. 보석류는 실 거래가격이나 전문가 등의 평가액 그리고 종
    류·크기·색상 등 명세

11. 골동품 및 예술품은 실 거래가격이나 작가·크기를 고려
    한 전문가 등의 평가액 그리고 종류·크기·작가 및 제작
    연대 등 작품의 명세

12. 회원권은 취득가액. 다만, 골프회원권은 「소득세법」에 따
    른 기준시가 또는 실 거래가격

13. 자동차·건설기계·선박 및 항공기는 실 거래가격이나 감

가상각 등을 고려한 전문가 등의 평가액 그리고 종류·제
작연도·제작회사·등록번호 등 명세

14. 주식매수선택권은 받을 주식의 종류 및 수량, 행사가격·
행사기간 등 행사조건, 받을 주식의 현재시가 등 명세

④ 제3항에서 규정한 것 외에 등록할 재산의 가액 산정방법과
표시방법, 그 밖에 등록에 필요한 사항은 대통령령으로 정
한다.

⑤ 제2항에 따른 재산에 대하여 소유자별로 재산의 취득일자·
취득경위·소득원 등을 기재하거나 소명자료를 첨부할 수
있다.

⑥ 제1항에 따른 등록대상재산 중 비영리법인에 출연한 재산은
다른 등록대상재산과 구분하여 표시하고 그 법인에서의 등
록의무자의 직위를 밝혀야 한다. [전문개정 2009. 2. 3]

[7] **본법 제5조**(재산의 등록기관과 등록 시기 등)

① 공직자는 등록의무자가 된 날부터 1개월 이내에 등록의무자
가 된 날 현재의 재산을 다음 각 호의 구분에 따른 기관(이하
"등록기관"이라 한다.)에 등록하여야 한다. 다만, 등록의무자가 된
날부터 1개월 이내에 등록의무를 면제받은 경우에는 그러하
지 아니하며, 전보(轉補)·강임(降任)·강등(降等) 또는 퇴직
등으로 인하여 등록의무를 면제받은 사람이 3년(퇴직한 경우에
는 1년) 이내에 다시 등록의무자가 된 경우에는 전보·강임·
강등 또는 퇴직 등을 한 날 이후 또는 제11조 제1항에 따른
재산변동사항 신고 이후의 변동사항을 신고함으로써 등록을

갈음할 수 있다.

1. 국회의원과 그 밖의 국회 소속 공무원: 국회사무처

2. 법관과 그 밖의 법원 소속 공무원: 법원행정처

3. 헌법재판소장, 헌법재판소재판관 및 헌법재판소 소속 공무원: 헌법재판소사무처

4. 중앙선거관리위원회 및 각급 선거관리위원회 소속 공무원: 중앙선거관리위원회사무처

5. 정부의 부·처·청(대통령령으로 정하는 위원회 등의 행정기관을 포함한다. 이하 같다.) 소속 공무원: 그 부·처·청

6. 감사원 소속 공무원: 감사원사무처

7. 국가정보원 소속 공무원: 국가정보원

8. 지방자치단체 소속 공무원: 그 지방자치단체

9. 지방의회의원과 지방의회 소속 공무원: 그 지방의회

10. 특별시·광역시·도·특별자치도교육청 소속 공무원: 그 특별시·광역시·도·특별자치도교육청

11. 특별시·광역시·도·특별자치도교육위원회의 교육위원과 그 소속 공무원: 그 교육위원회

12. 공직유관단체의 임직원: 그 공직유관단체를 감독하는 부·처·청. 다만, 특별시·광역시·도·특별자치도 및 시·군·구(자치구를 말한다. 이하 같다.)의 감독을 받는 공직유관단체의 임직원은 특별시·광역시·도·특별자치도 및 시·군·구에 등록한다.

13. 그 밖의 등록의무자, 제5호부터 제7호까지 및 제12호 본문에도 불구하고 정부의 부·처·청 소속 공무원과 감사

원·국가정보원 소속 공무원 및 공직유관단체의 임원으로
서 제10조 제1항에 따라 재산등록사항을 공개하는 공직자:
행정안전부

② 제1항 단서의 경우에 등록기관이 종전의 등록기관과 다를
때에는 종전의 등록기관의 장은 전보 등으로 인하여 등록의
무를 면제받은 사람이 다시 등록의무자가 된 날부터 1개월
이내에 그 사람의 재산등록에 관한 서류를 새로운 등록기관
의 장에게 이관(移管)하여야 한다. 등록의무자가 전보 등으
로 인하여 등록의무를 면제받지 아니하고 등록기관이 변경
된 경우에도 또한 같다.

③ 제1항 제5호에 따른 등록기관 중 재산을 등록하여야 할 등
록의무자의 수가 많아 등록업무를 수행하기가 곤란한 등록
기관에 대해서는 대통령령으로 정하는 바에 따라 그 소속
기관 중 일부를 등록기관으로 할 수 있다. [전문개정 2009. 2. 3]

[8] **본법 제6조**(변동사항 신고)

① 등록의무자는 매년 1월 1일부터 12월 31일까지의 재산 변동
사항을 다음 해 2월 말일까지 등록기관에 신고하여야 한다.
다만, 최초의 등록 후 또는 제5조 제1항 단서에 따른 신고
후 최초의 변동사항 신고의 경우에는 등록의무자가 된 날로
부터 그해 12월 31일까지의 재산 변동사항을 등록기관에 신
고하여야 한다.

② 퇴직한 등록의무자는 퇴직 후 1개월 이내에 그해 1월 1일(1
월 1일 이후에 등록의무자가 된 경우에는 등록의무자가 된 날)부터 퇴직일

까지의 재산 변동사항을 퇴직 당시의 등록기관에 신고하여
야 한다. 다만, 퇴직 후 1개월 이내에 다시 등록의무자가 된
경우에는 제1항에 따른 변동사항 신고만으로 신고를 갈음할
수 있다.

③ 12월 중에 등록의무자가 된 경우에는 등록의무자가 된 날부
터 그해 12월 31일까지의 재산 변동사항은 다음 해의 변동
사항 또는 제2항에 따른 퇴직자 변동사항에 포함하여 신고
할 수 있으며, 등록의무자가 1월 또는 2월 중에 퇴직한 경
우에는 제1항에 따른 변동사항은 제2항에 따른 퇴직자 변동
사항에 포함하여 신고할 수 있다.

④ 제2항은 제3조 제1항 제11호부터 제13호까지의 등록의무자
중 소속 기관·단체가 공직유관단체에서 제외되어 등록의무
를 면제받은 경우에 준용한다.

⑤ 제9조 제1항에 따른 공직자윤리위원회(이하 "공직자윤리위원회"라
한다.)는 제1항에 따른 신고를 위하여 필요한 경우에는 「금융
실명거래 및 비밀보장에 관한 법률」 제4조 및 「신용정보의
이용 및 보호에 관한 법률」 제24조에도 불구하고 명의인의
요청에 따라 「정보통신망 이용촉진 및 정보보호 등에 관한
법률」 제2조 제1항 제1호에 따른 정보통신망(이하 "정보통신망"
이라 한다.)을 이용하여 금융기관의 장에게 금융거래 중 잔액
에 관한 자료(신용정보 중 대출 잔액에 관한 자료를 포함한다. 이하 이 조
에서 같다.) 제출을 요구할 수 있으며, 해당 금융기관의 장은
정보통신망을 이용하여 자료를 제출하여야 한다. 이 경우
해당 금융기관의 장은 「금융실명거래 및 비밀보장에 관한

법률」 제4조의 2에도 불구하고 명의인이 동의할 때에는 금융거래 중 잔액에 관한 자료를 제공한 사실을 명의인에게 통보하지 아니할 수 있다.

⑥ 공직자윤리위원회는 등록의무자로부터 제1항에 따른 신고를 위하여 명의인의 동의를 받아 부동산 보유·등기 및 과세정보(지적, 건축, 주택에 관한 자료를 포함한다. 이하 같다.)의 제공을 요청받으면 「공공기관의 개인정보보호에 관한 법률」 제10조에도 불구하고 정보통신망을 이용하여 중앙행정기관, 지방자치단체, 공직유관단체, 그 밖의 공공기관의 장에게 관련 자료의 제출을 요구할 수 있다. 이 경우 요청을 받은 기관의 장은 정보통신망을 이용하여 그 요청에 응하여야 한다.

⑦ 공직자윤리위원회는 제1항에 따른 변동사항 신고기간 만료일 15일 전까지 제5항 전단에 따른 금융거래 중 잔액에 관한 자료를 명의인에게 제공하여야 한다.

⑧ 제1항과 제2항에 따른 신고를 하는 경우에는 매매계약서·영수증 등(사본을 포함한다.) 재산의 증감원인(增減原因) 등을 소명할 수 있는 자료를 첨부하거나 그 사유를 구체적으로 밝혀야 한다.

⑨ 공직자윤리위원회는 제5항에 따른 금융거래 중 잔액에 관한 자료와 제6항에 따른 부동산 보유·등기 및 과세정보에 관한 자료를 「금융실명거래 및 비밀보장에 관한 법률」 제4조, 「신용정보의 이용 및 보호에 관한 법률」 제24조 및 「공공기관의 개인정보보호에 관한 법률」 제10조에도 불구하고 등록사항의 심사에 활용할 수 있다. [전문개정 2009. 2. 3]

[9] **본법 제6조의 2**(주식거래내역의 신고)

① 제10조 제1항 각 호의 공개대상자에 해당하는 등록의무자는
제6조 또는 제11조 제1항에 따른 재산 변동사항 신고 시에
제4조 제1항 각 호의 어느 하나에 해당하는 사람의 주식 취
득 또는 양도에 관한 주식거래 내용을 등록기관에 신고하여
야 한다.

② 제1항에 따른 주식거래내역 신고 시 신고대상 주식거래의
범위, 신고의 방법 등에 관하여 필요한 사항은 대통령령으
로 정한다.

③ 제1항에 따른 주식거래의 신고내용은 공개하지 아니한다.

④ 제1항에 따른 신고와 신고사항의 심사 및 관리에 관해서는
제8조, 제8조의 2, 제12조부터 제14조까지 및 제14조의 3을
준용한다. [전문개정 2009. 2. 3]

[10] **본법 제6조의 3**(변동사항 신고의 유예 등)

① 등록기관의 장은 등록의무자가 다음 각 호의 어느 하나에
해당하여 변동사항 신고의 유예신청을 하는 경우에는 3년의
범위에서 제6조 제1항 또는 제11조 제1항에 따른 변동사항
신고를 유예할 수 있다.

1. 법령의 규정에 따라 외국에 파견근무하게 된 경우

2. 법령의 규정에 따라 휴직하게 된 경우

3. 재외공관 또는 해외 주재 사무소에서 근무하게 된 경우

4. 그 밖에 대통령령으로 정하는 사유에 해당하는 경우

② 등록기관의 장은 등록의무자가 다음 각 호의 어느 하나에

해당하는 경우에는 관할 공직자윤리위원회의 의결로 제6조
또는 제11조에 따른 변동사항 신고를 유예하거나 면제할 수
있다. 이 경우 등록기관의 장은 그 명단 및 사유 등을 관리
하여야 한다.

1. 구금 등으로 신고가 곤란하다고 인정된 경우

2. 실종 등으로 행방이 불분명한 경우

3. 제1호 및 제2호에 상당하는 사유로 사실상 신고가 곤란하다
   고 인정된 경우

③ 제1항 또는 제2항에 따라 변동사항 신고를 유예받은 등록의
무자는 그 유예사유가 소멸된 후 1개월 이내에 최종 재산등
록 또는 변동사항 신고 이후의 재산 변동사항을 신고하여야
한다. [전문개정 2009. 2. 3]

[11] **본법 제6조의 4**(변동사항 신고의 범위와 내용) 제6조 제1항
및 제2항에 따라 신고하여야 할 재산상의 변동사항의 범위
와 내용은 다음과 같다.

① 제4조 제2항 제1호 및 제2호에 해당하는 재산과 제4조 제3
항 제12호 중 골프회원권의 매매·증여 또는 공시가격 고시
등으로 인한 변동사항. 다만, 매매 등의 거래를 한 경우 실
거래가를 신고하고 증여와 같이 실 거래가격을 알 수 없거
나 해당 연도에 거래를 하지 아니한 경우에는 공시가격 변
동액을 신고하되, 공시가격 변동액이 이미 신고된 실 거래
가보다 낮은 경우에는 신고하지 아니한다.

② 제4조 제2항 제3호에 해당하는 재산의 품목·수량·금액

등 증감한 변동사항. 다만, 제4조 제2항 제3호 사목 및 아목의 재산은 제6조 제1항 및 제2항의 등록대상기간 동안 거래가 없는 경우 금액의 변동이 있더라도 변동액을 신고하지 아니한다.

③ 제4조 제1항 및 제6항에 따른 비영리법인에 출연한 재산은 출연재산의 구체적인 내용, 비영리법인의 명칭, 주된 사무소의 소재지, 대표자, 목적사업, 그 밖에 비영리법인의 세부적인 사항과 그 법인에서의 등록의무자의 직위의 변동사항 [전문개정 2009. 2. 3]

[12] 본법 제7조(등록기간의 연장)

등록기관의 장은 등록의무자(제6조 제2항의 퇴직공직자를 포함한다. 이하 제8조·제10조·제12조·제13조 및 제24조에서 같다.)가 부득이한 사유로 재산등록(신고를 포함한다. 이하 같다.)의 기간 연장을 신청한 경우에 그 사유가 타당하다고 인정할 때에는 재산의 전부 또는 일부에 대한 등록기간을 연장할 수 있다. 이 경우 등록의무자는 연장된 기간 내에 등록을 하여야 한다. [전문개정 2009. 2. 3]

[13] 본법 제8조(등록사항의 심사)

① 공직자윤리위원회는 등록된 사항을 심사하여야 한다.

② 공직자윤리위원회는 등록의무자가 등록재산의 일부를 과실로 빠뜨리거나 가액합산 등을 잘못 기재한 부분이 있다고 인정될 때에는 등록의무자에게 기간을 정하여 재산등록서류의 보완을 명할 수 있다.

③ 공직자윤리위원회는 제1항에 따른 심사를 위하여 필요하면
등록의무자에게 자료의 제출요구 또는 서면질의를 하거나
사실 확인을 위한 조사를 할 수 있다. 이 경우 공직자윤리
위원회는 등록의무자에게 해명 및 소명자료를 제출할 기회
를 주어야 한다.

④ 공직자윤리위원회는 국가기관, 지방자치단체, 공직유관단체,
그 밖의 공공기관의 장에게 제1항에 따른 심사를 위하여 필
요한 보고나 자료 제출 등을 요구할 수 있으며, 이 경우 그
기관·단체의 장은 다른 법률에도 불구하고 보고나 자료 제
출 등을 거부할 수 없다.

⑤ 공직자윤리위원회는 제1항에 따른 심사를 위하여 금융거래
의 내용(신용정보를 포함한다. 이하 같다.)에 관한 확인이 필요하다
고 인정될 때에는 「금융실명거래 및 비밀보장에 관한 법률」
제4조 및 「신용정보의 이용 및 보호에 관한 법률」 제24조에
도 불구하고 국회규칙, 대법원규칙, 헌법재판소규칙, 중앙선
거관리위원회규칙 또는 대통령령으로 정하는 기준에 따라
인적사항을 기재한 문서 또는 정보통신망에 의하여 금융기
관의 장에게 금융거래의 내용에 관한 자료 제출을 요구할
수 있으며 그 금융기관에 종사하는 사람은 이를 거부하지
못한다.

⑥ 공직자윤리위원회는 등록의무자와 그 배우자, 등록의무자의
직계존속·직계비속, 그 밖의 재산등록사항 관계인에게 출
석을 요구하고 진술을 받을 수 있다.

⑦ 공직자윤리위원회는 제1항에 따른 심사 결과 거짓으로 등록

하였거나 직무상 알게 된 비밀을 이용하여 재물 또는 재산
상 이익을 취득한 상당한 혐의가 있다고 의심되는 등록의무
자에 대해서는 그 증명서류를 첨부하고 기간을 정하여 법무
부장관(군인 또는 군무원의 경우에는 국방부장관)에게 조사를 의뢰하
여야 한다.

⑧ 법무부장관 또는 국방부장관은 제7항에 따라 조사 의뢰를
받으면 지체 없이 검사(檢事) 또는 검찰관에게 조사를 하게
하고 그 조사 결과를 공직자윤리위원회에 통보하여야 한다.

⑨ 제8항에 따른 검사나 검찰관의 조사에 관해서는 형사소송에
관한 법령(「군사법원법」을 포함한다.) 중 수사에 관한 규정을 준용
한다. 다만, 인신구속에 관한 규정은 그러하지 아니하다.

⑩ 공직자윤리위원회는 제5조 제1항에 따른 등록사항 또는 제6
조에 따른 변동신고사항을 제10조 제1항에 따라 공개한 후
3개월 이내에 재산공개대상 공직자 전원에 대한 심사를 완료
하여야 한다. 다만, 공직자윤리위원회는 필요하다고 인정되면
그 의결로 심사기간을 3개월의 범위에서 연장할 수 있다.

⑪ 공직자윤리위원회는 필요한 경우 재산공개대상자가 아닌 등
록의무자의 등록사항에 대한 심사를 등록기관의 장이나 그
밖의 관계 기관의 장에게 위임할 수 있으며, 위임을 받은 기
관의 장은 심사결과를 관할 공직자윤리위원회에 보고하여야
한다.

⑫ 제11항에 따라 위임하는 경우에는 제2항부터 제9항까지의
규정을 준용한다. 이 경우 제5항에 따른 금융거래의 내용에
관한 자료 제출을 요구하거나 제7항에 따른 조사 의뢰를 하

려면 관할 공직자윤리위원회의 승인을 받아야 한다.

⑬ 공직자윤리위원회는 제10조 제1항 각 호에 해당하는 공개대
상자 및 제10조의 2에 해당하는 공직선거후보자 등의 재산
등록사항을 심사할 때 필요한 경우 제4조에 따라 등록한 재
산의 소유자별 취득일자, 취득경위 및 소득원 등(이하 이 조에서
"재산형성과정"이라 한다.)을 소명하게 할 수 있다. 이때 재산형성
과정의 소명을 요구받은 사람은 소명내용에 대한 재산등록
기준일로부터 과거 3년간의 증빙자료를 제출하여야 한다.

⑭ 제13항에 따라 재산형성과정의 소명을 요구받은 사람은 정
당한 사유가 없으면 소명 및 자료 제출을 거부할 수 없다.

⑮ 제13항 및 제14항에 따른 재산형성과정의 소명 및 자료 제
출에 필요한 사항은 대통령령으로 정한다. [전문개정 2009. 2. 3]

[14] **본법 제8조의 2**(심사결과의 처리)

① 공직자윤리위원회는 제8조에 따른 등록사항의 심사 결과 등
록대상재산을 거짓으로 기재하거나 중대한 과실로 빠뜨리거
나 잘못 기재하거나 직무상 알게 된 비밀을 이용하여 재물
또는 재산상 이익을 취득한 사실이 인정되면 다음 각 호의
어느 하나의 조치를 하여야 한다.

1. 경고 및 시정조치

2. 제30조에 따른 과태료 부과

3. 일간신문 광고란을 통한 허위등록사실의 공표

4. 해임 또는 징계(파면을 포함한다) 의결요청

② 제1항의 중대한 과실이 있는지를 인정하려면 등록된 재산과

등록에서 빠진 재산의 규모·종류 및 가액과 빠트리거나 잘
못 기재한 경위 등을 종합적으로 고려하여야 한다.

③ 공직자윤리위원회는 제1항 각 호의 조치 중 제3호의 조치는
다른 조치에 부수하여 함께할 수 있다.

④ 공직자윤리위원회는 제1항에 따른 조치를 하였을 때에는 등
록기관의 장이나 그 밖의 관계 기관의 장에게 통보하여야
한다.

⑤ 공직자윤리위원회는 제1항에 따른 조치를 하는 경우에 제4
조 제1항 각 호의 어느 하나에 해당하는 사람이 다른 법령
을 위반하여 부정한 방법으로 재물 또는 재산상 이익을 취
득한 혐의가 있다고 인정되면 이를 법무부장관(군인 또는 군무
원의 경우에는 국방부장관을 말한다.)에게 통보할 수 있다. 다만, 조
세 관련 법령의 경우에는 국세는 국세청장 또는 관세청장에
게, 지방세는 해당 지방자치단체의 장에게 각각 통보할 수
있다. [전문개정 2009. 2. 3]

[15] **본법 제9조**(공직자윤리위원회)

① 다음 각 호의 사항을 심사·결정하기 위하여 국회·대법
원·헌법재판소·중앙선거관리위원회·정부·지방자치단체
및 특별시·광역시·도·특별자치도교육청에 각각 공직자
윤리위원회를 둔다.

1. 재산등록사항의 심사와 그 결과의 처리

2. 제8조 제12항 후단에 따른 승인

3. 제17조 제1항 단서에 따른 취업승인

4. 그 밖에 이 법 또는 다른 법령에 따라 공직자윤리위원회의
   권한으로 정한 사항

② 각 공직자윤리위원회의 관할 사항은 다음과 같다.

 1. 국회 공직자윤리위원회: 국회의원, 국회 소속 공무원과 그
    퇴직공직자에 관한 사항

 2. 대법원 공직자윤리위원회: 법관, 법원 소속 공무원과 그 퇴
    직공직자에 관한 사항

 3. 헌법재판소 공직자윤리위원회: 헌법재판소재판관, 헌법재판
    소 소속 공무원과 그 퇴직공직자에 관한 사항

 4. 중앙선거관리위원회 공직자윤리위원회: 중앙선거관리위원회
    및 각급 선거관리위원회 소속 공무원과 그 퇴직공직자에 관
    한 사항

 5. 특별시·광역시·도·특별자치도 공직자윤리위원회: 특별
    시·광역시·도·특별자치도 소속 4급 이하 공무원, 관할
    공직유관단체의 임직원, 특별시·광역시·도·특별자치도
    의회 소속 4급 이하 공무원, 시·군·구의회의원, 시·
    군·구의 4급 공무원과 그 퇴직자에 관한 사항

 6. 시·군·구 공직자윤리위원회: 시·군·구 소속 5급 이하
    공무원, 관할 공직유관단체의 임직원, 시·군·구의회 소속
    5급 이하 공무원과 그 퇴직공직자에 관한 사항

 7. 특별시·광역시·도·특별자치도교육청공직자윤리위원회: 특
    별시·광역시·도·특별자치도교육청 소속 4급 이하 공무원,
    교육위원회 소속 4급 이하 공무원과 그 퇴직공직자에 관한
    사항

8. 정부 공직자윤리위원회: 제1호부터 제7호까지의 공직자 외의 공직자와 그 퇴직공직자에 관한 사항

③ 공직자윤리위원회는 위원장과 부위원장 각 1명을 포함한 9명으로 구성하되, 위원장을 포함한 5명은 법관, 교육자, 학식과 덕망이 있는 사람 또는 시민단체(「비영리민간단체 지원법」 제2조에 따른 비영리민간단체를 말한다. 이하 같다.)에서 추천한 사람 중에서 선임하여야 한다. 다만, 시·군·구 공직자윤리위원회는 위원장과 부위원장 각 1명을 포함한 5명으로 구성하되, 위원장을 포함한 3명은 법관, 교육자, 학식과 덕망이 있는 사람 또는 시민단체에서 추천한 사람 중에서 선임하여야 한다.

④ 공직자윤리위원회위원의 임기, 선임 및 심사절차, 그 밖에 필요한 사항은 다음 각 호의 구분에 따라 정한다.

1. 국회 공직자윤리위원회: 국회규칙

2. 대법원 공직자윤리위원회: 대법원규칙

3. 헌법재판소 공직자윤리위원회: 헌법재판소규칙

4. 중앙선거관리위원회 공직자윤리위원회: 중앙선거관리위원회규칙

5. 정부 공직자윤리위원회: 대통령령

6. 특별시·광역시·도·특별자치도 공직자윤리위원회 및 시·군·구 공직자윤리위원회와 특별시·광역시·도·특별자치도교육청 공직자윤리위원회: 해당 지방자치단체의 조례

⑤ 공직자윤리위원회는 이 법과 제4항 각 호에 규정된 규칙, 대통령령 또는 조례의 범위에서 그 운영에 관한 규정을 제정할 수 있다. [전문개정 2009. 2. 3]

[16] **본법 제10조** (등록재산의 공개)

① 공직자윤리위원회는 관할 등록의무자 중 다음 각 호의 어느 하나에 해당하는 공직자 본인과 배우자 및 본인의 직계존속·직계비속의 재산에 관한 등록사항과 제6조에 따른 변동사항 신고내용을 등록기간 또는 신고기간 만료 후 1개월 이내에 관보 또는 공보에 게재하여 공개하여야 한다.

1. 대통령, 국무총리, 국무위원, 국회의원, 국가정보원의 원장 및 차장 등 국가의 정무직공무원

2. 지방자치단체의 장, 지방의회의원 등 지방자치단체의 정무직공무원

3. 일반직 1급 국가공무원(이에 상당하는 고위공무원단에 속하는 일반직공무원을 포함한다.) 및 지방공무원과 이에 상응하는 보수를 받는 별정직공무원(고위공무원단에 속하는 별정직공무원을 포함한다.)

4. 대통령령으로 정하는 외무공무원과 국가정보원의 기획조정실장

5. 고등법원 부장판사급 이상의 법관과 대검찰청 검사급 이상의 검사

6. 중장 이상의 장관급 장교

7. 교육공무원 중 총장·부총장·학장(대학교의 학장은 제외한다.) 및 전문대학의 장과 대학에 준하는 각종 학교의 장, 특별시·광역시·도·특별자치도의 교육감 및 교육위원

8. 치안감 이상의 경찰공무원 및 특별시·광역시·도·특별자치도의 지방경찰청장

9. 지방 국세청장 및 3급 공무원 또는 고위공무원단에 속하는 공무원인 세관장

10. 제3호부터 제6호까지, 제8호 및 제9호의 공무원으로 임명할 수 있는 직위 또는 이에 상당하는 직위에 채용된 계약직공무원. 다만, 제4호·제5호·제8호 및 제9호 중 직위가 지정된 경우에는 그 직위에 채용된 계약직공무원만 해당된다.

11. 공기업의 장·부기관장 및 상임감사, 한국은행의 총재·부총재·감사 및 금융통화위원회의 추천직 위원, 금융감독원의 원장·부원장 및 감사, 농업협동조합중앙회·수산업협동조합중앙회의 회장 및 상임감사

12. 그 밖에 대통령령으로 정하는 정부의 공무원 및 공직유관단체의 임원

13. 제1호부터 제12호까지의 직(職)에서 퇴직한 사람(제6조 제2항의 경우에만 공개한다.)

② 등록의무자가 재산등록 후 승진·전보 등으로 인하여 제1항에 따른 공개대상자가 된 경우에는 공개대상자가 된 날부터 1개월 이내에 공개대상자가 된 날 현재의 재산을 제5조 제1항 본문에 따라 다시 등록기관에 등록하여야 하며, 공직자윤리위원회는 제1항에 따라 이를 공개하여야 한다. 다만, 공개대상자가 공개대상이 아닌 직위로 전보되었다가 3년 이내에 다시 공개대상자가 된 경우에는 최종 공개 이후에 변동된 사항만을 공개한다.

③ 제1항과 제2항에 해당하는 경우가 아니면 누구든지 공직자

윤리위원회 또는 등록기관의 장의 허가를 받지 아니하고는 등록의무자의 재산에 관한 등록사항을 열람·복사하거나 이를 하게 하여서는 아니 된다.

④ 공직자윤리위원회 또는 등록기관의 장은 다음 각 호의 어느 하나에 해당하는 경우가 아니면 제3항에 따른 허가를 할 수 없다.

1. 등록의무자 또는 등록의무자였던 사람에 대한 범죄수사 또는 비위(非違) 조사나 이에 관련된 재판상 필요가 있는 경우

2. 국회의원이 「국회법」 제128조 제1항, 「국정감사 및 조사에 관한 법률」 제10조 제1항, 「국회에서의 증언·감정 등에 관한 법률」 제4조에 따라 국정감사·조사 등의 자료를 요구하는 경우 또는 의정활동으로서 특정 공직자가 구체적 비위사건에 관련되었는지를 규명하기 위하여 필요한 경우. 이 경우 재산등록사항의 전체 세부목록을 외부에 공개할 수 없다.

3. 국가기관·지방자치단체 또는 공직유관단체의 장이 소속 공직자의 비위사건 관련 여부를 판단할 필요가 있는 경우

4. 등록의무자 또는 등록의무자였던 사람이 본인의 등록사항에 대하여 열람 또는 복사를 요구하는 경우 [전문개정 2009. 2. 3]

[17] **본법 제10조의 2**(공직선거후보자 등의 재산공개)

① 대통령, 국회의원, 지방자치단체의 장, 지방의회의원 선거의 후보자가 되려는 사람이 후보자등록을 할 때에는 전년도 12월 31일 현재의 제4조에 따른 등록대상재산에 관한 신고서

를 관할 선거관리위원회에 제출하고, 관할 선거관리위원회
는 후보자 등록 공고 시에 후보자의 재산신고사항을 공개하
여야 한다.

② 대법원장·헌법재판소장·국무총리·감사원장·대법관·국
회사무총장 등 임명에 국회의 동의가 필요한 공직자의 임명
동의안 또는 헌법재판소재판관·중앙선거관리위원회위원
등 국회에서 선출하는 공직자의 선출안을 제출할 때에는 그
공직후보자에 대하여 제4조에 따른 등록대상재산에 관한 신
고서를 국회에 제출하고, 국회의장은 지체 없이 그 공직후
보자의 재산신고사항을 공개하여야 한다. 다만, 그 공직후보
자가 전년도 12월 31일 현재 또는 그 이후의 등록대상재산
에 관하여 해당 임명동의안 또는 선출안 제출 전까지 제10
조 제1항에 따라 등록대상재산을 공개한 경우에는 그러하지
아니하되, 등록대상재산을 공개하였음을 확인할 수 있는 서
류를 국회에 제출하여야 한다.

③ 중앙선거관리위원회 공직자윤리위원회와 국회 공직자윤리위
원회는 제1항 또는 제2항의 재산신고사항을 심사하여 심사
결과를 공개할 수 있다.

④ 제3항의 심사에는 제8조 제2항부터 제6항까지·제13항 및
제14항을 준용한다.

⑤ 제1항 및 제2항의 신고서 서식, 공개방법, 그 밖에 필요한
사항은 국회규칙 또는 중앙선거관리위원회규칙으로 정한다.

[전문개정 2009. 2. 3]

[18] **본법 제11조**(전보된 사람 등의 재산신고)

① 등록의무자가 공무원 또는 공직유관단체 임직원의 신분을 보유하면서(퇴직 후 1개월 이내에 다시 공무원 또는 공직유관단체 임직원이 되는 경우를 포함한다.) 전보 등으로 인하여 등록의무를 면제받았을 때에는 전보 등이 된 날로부터 1개월 이내에 그해 1월 1일(1월 1일 이후에 등록의무자가 된 경우에는 등록의무자가 된 날) 이후 전보 등이 된 날까지의 재산변동사항을 종전의 등록기관에 신고하여야 하며, 그 다음 해 전보 등의 사유가 생긴 달에 그 전 1년간의 재산변동사항을 신고하여야 한다. 다만, 재산변동사항 신고 의무기간에 퇴직한 경우에는 제6조 제2항을 준용한다.

② 제1항에 따른 신고와 그 신고사항의 관리에 관해서는 제6조부터 제8조까지, 제8조의 2, 제10조, 제12조부터 제14조까지 및 제14조의 3을 준용한다. [전문개정 2009. 2. 3]

[19] **본법 제12조**(성실등록의무 등)

① 등록의무자는 제4조에서 규정하는 등록대상재산과 그 가액, 취득일자, 취득경위, 소득원 등을 재산등록 서류에 거짓으로 기재하여서는 아니 된다.

② 등록의무자는 공직자윤리위원회 등의 등록사항에 대한 심사에 성실하게 응하여야 한다.

③ 제4조 제1항 제2호 또는 제3호의 사람은 등록의무자의 재산등록이나 공직자윤리위원회 등의 등록사항의 심사에 성실하게 응하여야 한다.

④ 제3항에도 불구하고 제4조 제1항 제3호의 사람 중 피부양자가 아닌 사람은 관할 공직자윤리위원회의 허가를 받아 자신의 재산신고사항의 고지를 거부할 수 있으며 3년마다 재심사를 받아야 한다. 이 경우 등록의무자는 고지거부 사유를 밝혀 허가를 신청하여야 한다.

⑤ 제4항에 따른 고지거부에 관한 허가신청 및 심사에 필요한 사항은 대통령령으로 정한다. [전문개정 2009. 2. 3]

[20] 본법 제13조(재산등록사항의 목적 외 이용금지 등)

등록의무자는 허위등록이나 그 밖에 이 법에서 정한 사유 외에 등록된 사항을 이유로 불리한 처우나 처분을 받지 아니하며, 누구든지 재산등록사항을 이 법에서 정한 목적 외의 용도로 이용하여서는 아니 된다. [전문개정 2009. 2. 3]

[21] 본법 제14조(비밀엄수)

재산등록업무에 종사하거나 종사하였던 사람 또는 직무상 재산등록사항을 알게 된 사람은 다른 사람에게 이를 누설하여서는 아니 된다. [전문개정 2009. 2. 3]

[22] 본법 제14조의 2(직무상 비밀을 이용한 재물취득의 금지)

등록의무자는 직무상 알게 된 비밀을 이용하여 재물이나 재산상 이익을 취득하여서는 아니 된다. [전문개정 2009. 2. 3]

[23] 본법 제14조의 3(금융거래자료의 제공·누설 등 금지)

제8조 제5항에 따라 금융거래의 내용에 관한 자료를 제공받은 사람은 그 자료를 타인에게 제공 또는 누설하거나 그 목적 외의 용도로 이용하여서는 아니 된다. [전문개정 2009. 2. 3]

제2장의 2 주식의 매각 또는 신탁 〈개정 2009. 2. 3〉

[24] 본법 제14조의 4(주식의 매각 또는 신탁)

① 등록의무자 중 제10조 제1항에 따른 공개대상자와 기획재정부 및 금융위원회 소속 공무원 중 대통령령으로 정하는 사람(이하 "공개대상자 등"이라 한다.)은 본인 및 그 이해관계자(제4조 제1항 제2호 또는 제3호에 해당하는 사람을 말하되, 제4조 제1항 제3호의 사람 중 제12조 제4항에 따라 재산등록사항의 고지를 거부한 사람은 제외한다. 이하 같다.) 모두가 보유한 주식의 총가액이 1천만 원 이상 5천만 원 이하의 범위에서 대통령령으로 정하는 금액을 초과할 때에는 초과하게 된 날(공개대상자 등이 된 날 또는 제6조의 3 제1항·제2항에 따른 유예사유가 소멸된 날 현재 주식의 총가액이 1천만 원 이상 5천만 원 이하의 범위에서 대통령령으로 정하는 금액을 초과할 때에는 공개대상자 등이 된 날 또는 유예사유가 소멸된 날을, 제14조의 5 제6항에 따라 주식백지신탁 심사위원회에 직무관련성 유무에 관한 심사를 청구할 때에는 직무관련성이 있다는 결정을 통지받은 날을 말한다.)부터 1개월 이내에 다음 각 호의 어느 하나에 해당하는 행위를 직접 하거나 이해관계자로 하여금 하도록 하고 그 행위를 한 사실을 등록기관에 신고하여야 한다. 다만, 제14조의 5 제7항에 따라 주식백지신탁 심사위원회로부터 직무관련성이 없다는 결정을 통지받은 경우에는 그러하지 아니하다.

1. 해당 주식의 매각

2. 다음 각 목의 요건을 갖춘 신탁 또는 투자신탁(이하 "주식백지
   신탁"이라 한다.)에 관한 계약의 체결

 가. 수탁기관은 신탁계약이 체결된 날로부터 60일 이내에 처
   음 신탁된 주식을 처분할 것. 다만, 60일 이내에 주식을
   처분하기 어려운 사정이 있는 경우로서 수탁기관이 공직
   자윤리위원회의 승인을 받은 때에는 주식의 처분시한을
   연장할 수 있으며, 이 경우 1회의 연장기간은 30일 이내
   로 하여야 한다.

 나. 공개대상자 등 또는 그 이해관계자는 신탁재산의 관리·
   운용·처분에 관여하지 아니할 것

 다. 공개대상자 등 또는 그 이해관계자는 신탁재산의 관리·
   운용·처분에 관한 정보의 제공을 요구하지 아니하며, 수
   탁기관은 정보를 제공하지 아니할 것. 다만, 수탁기관은
   신탁계약을 체결할 때에 대통령령으로 정하는 범위에서
   미리 신탁재산의 기본적인 운용방법을 제시할 수 있다.

 라. 제14조의 10 제2항 각 호의 어느 하나에 해당하는 사유
   가 발생하는 경우에는 신탁자가 신탁계약을 해지할 수 있
   을 것

 마. 수탁기관이 선량한 관리자의 주의의무로써 신탁 업무를
   수행한 경우에는 이로 인한 일체의 손해에 대하여 책임
   을 지지 아니할 것

 바. 수탁기관은 신탁 업무를 수행하는 기관으로서 「자본시장
   과 금융투자업에 관한 법률」에 따른 신탁업자 또는 집합

투자업자일 것. 다만, 공개대상자 등 또는 그 이해관계자
가 최근 3년 이내에 임직원으로 재직한 회사는 제외한다.

② 제1항에 따른 신고와 제5조에 따른 등록을 함께하는 경우
등록하여야 하는 주식의 종류와 가액은 제1항에 따라 주식
을 매각한 날 또는 주식백지신탁계약을 체결한 날을 기준으
로 한다.

③ 공개대상자 등은 주식백지신탁계약의 체결 또는 해지로 인
한 재산변동사항을 제6조 및 제11조에 따른 신고에 포함하
여 함께 신고하여야 한다.

④ 제1항에 따라 주식백지신탁계약의 체결을 신고한 경우에는
그 신탁계약을 해지할 때까지 그 신탁재산은 제6조 및 제6
조의 2 제1항에 따른 신고대상에서 제외한다.

⑤ 제1항에 따라 주식을 매각하거나 백지신탁을 한 사실의 신
고 및 공개방법은 대통령령으로 정한다.

⑥ 제1항에 따른 신고와 신고사항의 심사 및 관리에 관해서는
제6조의 2 제3항, 제7조, 제8조, 제8조의 2, 제12조부터 제
14조까지 및 제14조의 3을 준용한다. [전문개정 2009. 2. 3]

[25] 본법 제14조의 5(주식백지신탁 심사위원회의 직무관련성 심사)

① 공개대상자 등 및 그 이해관계인이 보유하고 있는 주식의
직무관련성을 심사·결정하기 위하여 행정안전부에 주식백
지신탁 심사위원회를 둔다.

② 주식백지신탁 심사위원회는 위원장 1명을 포함한 9명의 위
원으로 구성한다.

③ 주식백지신탁 심사위원회의 위원장 및 위원은 대통령이 임명하거나 위촉한다. 이 경우 위원 중 3명은 국회가, 3명은 대법원장이 추천하는 자를 각각 임명하거나 위촉한다.

④ 주식백지신탁 심사위원회의 위원은 공직자윤리위원회의 위원, 법관, 교육자, 주식 관련 금융전문가나 그 밖에 백지신탁에 관한 학식과 덕망이 있는 사람이어야 한다.

⑤ 위원장 및 위원의 임기는 2년으로 하되, 1차례만 연임할 수 있다.

⑥ 공개대상자 등은 본인 및 그 이해관계자가 보유한 주식이 직무관련성이 없다는 이유로 제14조의 4 제1항에 따른 주식 매각의무 또는 주식백지신탁 의무를 면제받으려면 본인 및 그 이해관계자 모두가 보유한 주식의 총가액이 1천만 원 이상 5천만 원 이하의 범위에서 대통령령으로 정하는 금액을 초과하게 된 날(공개대상자 등이 된 날 또는 제6조의 3 제1항·제2항에 따른 신고유예 사유가 소멸된 날 현재 주식의 총가액이 1천만 원 이상 5천만 원 이하의 범위에서 대통령령으로 정하는 금액을 초과할 때에는 공개대상자 등이 된 날 또는 신고유예 사유가 소멸된 날을 말한다.)부터 1개월 이내에 주식백지신탁 심사위원회에 보유 주식의 직무관련성 유무에 관한 심사를 청구하여야 한다.

⑦ 주식백지신탁 심사위원회는 제6항에 따른 심사 청구일로부터 1개월 이내에 해당 주식의 직무관련성 유무를 심사·결정하고 그 결과를 청구인에게 통지하여야 한다. 다만, 주식백지신탁 심사위원회는 필요하다고 인정될 때에는 그 의결

로써 심사기간을 1개월의 범위에서 연장할 수 있다.

⑧ 주식의 직무관련성은 주식 관련 정보에 관한 직접적·간접적인 접근 가능성과 영향력 행사 가능성을 기준으로 판단하여야 한다.

⑨ 주식백지신탁 심사위원회는 주식의 직무관련성 유무를 심사하기 위하여 필요하면 공개대상자 등에게 자료 제출을 요구하거나 서면질의를 할 수 있다.

⑩ 주식백지신탁 심사위원회는 주식의 직무관련성 유무를 심사하기 위하여 필요하면 관련 기관·단체 및 업체에 자료 제출을 요구할 수 있으며, 해당 기관·단체 및 업체는 정당한 사유가 없으면 요구에 응하여야 한다.

⑪ 주식백지신탁 심사위원회의 심사절차 및 운영 등에 필요한 사항은 대통령령으로 정한다. [전문개정 2009. 2. 3]

[26] 본법 제14조의 6(주식취득의 제한)

① 제14조의 4 제1항에 따라 주식백지신탁계약이 체결된 경우에는 그 신탁계약이 해지될 때까지는 공개대상자 등과 이해관계자 중 어느 누구도 새로 주식을 취득하여서는 아니 된다.

② 공개대상자 등은 본인 또는 이해관계자가 제1항에 따라 주식취득이 제한되는 기간에 상속이나 그 밖에 대통령령으로 정하는 사유로 주식을 취득하게 된 경우에는 취득한 날(상속의 경우에는 상속 개시를 알게 된 날을 말한다.)부터 1개월 이내에 그 주식을 직접 매각 또는 백지신탁을 하거나 이해관계자로 하여금 그 주식을 매각 또는 백지신탁을 하도록 하고 그 사실

을 등록기관에 신고하여야 한다. 다만, 주식백지신탁 심사위원회로부터 직무관련성이 없다는 결정을 통지받은 경우에는 그러하지 아니하다.

③ 제2항에 따른 주식백지신탁 및 직무관련성 심사에 관해서는 제14조의 4 제3항부터 제6항까지 및 제14조의 5를 준용한다. [전문개정 2009. 2. 3]

[27] 본법 제14조의 7(신탁재산에 관한 정보제공금지 등)

① 제14조의 4 제1항 또는 제14조의 6 제2항에 따라 주식백지신탁계약이 체결된 경우 공개대상자 등 및 그 이해관계자는 「자본시장과 금융투자업에 관한 법률」 제91조 및 제113조에도 불구하고 신탁업자·집합투자업자·투자회사·투자매매업자 또는 투자중개업자에 대하여 신탁재산의 관리·운용·처분에 관한 내용의 공개 등 정보의 제공을 요구할 수 없으며, 신탁업자·집합투자업자·투자회사·투자매매업자 또는 투자중개업자는 공개대상자 등 또는 그 이해관계자의 정보제공 요구에 응하여서는 아니 된다. 다만, 신탁업자·집합투자업자·투자회사·투자매매업자 또는 투자중개업자는 신탁재산을 처분한 후 그로 인하여 양도소득세 등 납세의무가 발생하는 경우 공개대상자 등 및 그 이해관계자가 이를 자진 납부할 수 있도록 납세의무 이행에 필요한 정보를 해당 공개대상자 등 또는 이해관계자에게 통지할 수 있다.

② 제14조의 4 제1항 또는 제14조의 6 제2항에 따라 주식백지신탁계약이 체결된 경우 공개대상자 등 또는 그 이해관계자

는 신탁재산의 관리·운용·처분에 관여하여서는 아니 된
다. [전문개정 2009. 2. 3]

[28] **본법 제14조의 8**(신탁상황의 보고 등)

① 주식백지신탁의 수탁기관은 매년 1월 1일(주식백지신탁계약이 체
결된 해의 경우에는 계약체결일)부터 12월 31일까지 신탁재산을 관
리·운용·처분한 내용을 다음 해 1월 중에 관할 공직자윤
리위원회에 보고하여야 한다. 이 경우 12월 중에 주식백지
신탁계약이 체결되었으면 다음 해의 관리·운용·처분에 관
한 내용과 함께 보고할 수 있다.

② 주식백지신탁의 수탁기관은 신탁재산의 가액이 대통령령으
로 정하는 금액 이하가 되면 이 사실을 관할 공직자윤리위
원회에 통보하여야 하며, 공직자윤리위원회는 이를 신탁자
에게 통지하여야 한다.

③ 제2항에 따른 수탁기관의 통보시기 및 방법은 대통령령으로
정한다. [전문개정 2009. 2. 3]

[29] **본법 제14조의 9**(수탁기관에 대한 감독)

공직자윤리위원회는 수탁기관의 임직원이 이 법 또는 이 법에
따른 명령이나 처분을 위반하면 그 임직원에게 시정명령 또는 징
계처분 등 적절한 조치를 취하도록 금융감독 원장에게 요청할 수
있다. [전문개정 2009. 2. 3]

[30] **본법 제14조의 10**(주식의 매각요구 및 신탁의 해지)

① 주식백지신탁의 신탁자는 관할 공직자윤리위원회의 허가를 받아 수탁기관에 신탁재산을 모두 매각할 것을 서면으로 요구할 수 있다.

② 주식백지신탁의 신탁자는 다음 각 호의 어느 하나에 해당하는 사유가 발생하면 수탁기관에 주식백지신탁계약의 해지를 청구할 수 있다. 다만, 제2호의 경우에는 반드시 주식백지신탁계약의 해지를 청구하여야 한다.

1. 제14조의 8 제2항에 따른 통지를 받은 경우

2. 제1항에 따른 매각요구를 받아 수탁기관이 신탁재산을 모두 매각한 경우

3. 퇴직·전보 등의 사유로 해당 공개대상자 등이 공개대상자 등에서 제외된 경우

③ 주식백지신탁의 수탁기관은 제2항에 따라 주식백지신탁계약이 해지되면 해지된 날부터 1개월 이내에 해지사유 및 그해 1월 1일(주식백지신탁이 설정된 해에 해지된 경우에는 주식백지신탁이 설정된 날)부터 해지된 날까지 신탁재산을 관리·운용·처분한 내용을 관할 공직자윤리위원회에 보고하여야 한다. 이 경우 주식백지신탁계약이 1월 중에 해지되었으면 전년도의 관리·운용·처분에 관한 내용과 함께 보고할 수 있다. [전문개정 2009. 2. 3]

제3장 선물신고 〈개정 2009. 2. 3〉

[31] 본법 제15조(외국 정부 등으로부터 받은 선물의 신고)

① 공무원(지방의회의원 및 교육위원을 포함한다. 이하 제22조에서 같다.) 또는 공직유관단체의 임직원은 외국으로부터 선물을 받거나 그 직무와 관련하여 외국인(외국단체를 포함한다. 이하 같다.)에게서 선물을 받으면 지체 없이 소속 기관·단체의 장에게 신고하고 그 선물을 인도하여야 한다. 이들의 가족이 외국으로부터 선물을 받거나 그 공무원이나 공직유관단체 임직원의 직무와 관련하여 외국인에게 선물을 받은 경우에도 또한 같다.

② 제1항에 따라 신고할 선물의 가액은 대통령령으로 정한다.

[전문개정 2009. 2. 3]

[32] 본법 제16조(선물의 국고 귀속 등)

① 제15조 제1항에 따라 신고된 선물은 신고 즉시 국고에 귀속된다.

② 신고된 선물의 관리·유지 등에 관한 사항은 대통령령으로 정한다. [전문개정 2009. 2. 3]

제4장 퇴직공직자의 취업제한 〈개정 2009. 2. 3〉

[33] 본법 제17조(퇴직공직자의 관련 사기업체 등 취업제한)

① 대통령령으로 정하는 직급이나 직무분야에 종사하였던 공무원과 공직유관단체의 임직원은 퇴직일부터 2년간 퇴직 전 3년 이내에 소속하였던 부서의 업무와 밀접한 관련이 있는

일정 규모 이상의 영리를 목적으로 하는 사기업체(이하 "영리사
기업체"라 한다.) 또는 영리사기업체의 공동이익과 상호협력 등
을 위하여 설립된 법인·단체(이하 "협회"라 한다.)에 취업할 수
없다. 다만, 관할 공직자윤리위원회의 승인을 받은 때에는
그러하지 아니하다.

② 관할 공직자윤리위원회는 제1항에 따른 밀접한 업무관련성
여부의 확인 및 취업승인을 위하여 필요하면 관련 영리사기
업체 및 협회의 장에게 해당 자료 제출을 요구할 수 있으며,
영리사기업체 및 협회의 장은 정당한 사유가 없으면 자료를
제공하여야 한다.

③ 제1항의 경우 퇴직공직자의 소속 부서의 업무와 영리사기업
체 간의 밀접한 관련성의 범위와 영리사기업체의 규모 및 관
련 협회의 범위에 관해서는 국회규칙, 대법원규칙, 헌법재판
소규칙, 중앙선거관리위원회규칙 또는 대통령령으로 정한다.

④ 제3항의 경우 소속 부서의 업무범위 등을 정하고 이를 적용
함에 있어서는 퇴직공직자의 자유와 권리가 부당하게 침해
되지 아니하도록 유의하여야 한다. [전문개정 2009. 2. 3]

[34] 본법 제18조(취업승인 신청)

제17조 제1항 단서에 따라 취업승인을 받으려는 퇴직공직자는
국회규칙, 대법원규칙, 헌법재판소규칙, 중앙선거관리위원회규칙 또
는 대통령령으로 정하는 바에 따라 소속되었던 기관의 장을 거쳐
관할 공직자윤리위원회에 취업승인 신청을 하여야 한다. [전문개정
2009. 2. 3]

[35] **본법 제19조**(취업자의 해임 요구 등)

① 공직자윤리위원회위원장과 국가기관·지방자치단체 또는 공직유관단체의 장은 해당 기관·단체에 재직하였던 자(공직자윤리위원회위원장의 경우는 제17조 제1항에 따라 취업이 제한된 자)가 제17조 제1항을 위반하여 취업한 때에는 관계 중앙행정기관의 장(국회는 국회사무총장, 법원은 법원행정처장, 헌법재판소는 헌법재판소사무처장, 중앙선거관리위원회는 중앙선거관리위원회사무총장. 이하 같다.)에게 해당 인에 대한 취업해제조치를 하도록 요청하여야 하며, 요청을 받은 관계 중앙행정기관의 장은 해당 인이 취업하고 있는 영리사기업체나 협회의 장에게 해당 인의 해임을 요구하여야 한다.

② 제1항에 따라 해임 요구를 받은 영리사기업체 또는 협회의 장은 지체 없이 이에 응하여야 한다. [전문개정 2009. 2. 3]

제5장 보칙 〈개정 2009. 2. 3〉

[36] **본법 제20조**(기획·총괄기관)

행정안전부장관은 이 법에 따른 재산등록 및 공개, 선물신고 및 퇴직공직자의 취업제한에 관한 기획·총괄업무를 관장한다. [전문개정 2009. 2. 3]

[37] **본법 제20조의 2**(국회 등에 대한 보고)

① 공직자윤리위원회는 매년 정기국회 또는 해당 지방의회 2차 정례회에 전년도의 재산등록·선물신고 및 퇴직공직자의 취업제한에 관한 실태와 감독, 그 밖에 공직자윤리위원회의 활

동에 관한 연차보고서를 제출하여야 한다.

② 제1항의 연차보고서 작성에 필요한 사항은 대통령령으로 정한다. [전문개정 2009. 2. 3]

[38] 본법 제21조의 3(위임규정)

이 법 시행에 필요한 사항은 국회규칙, 대법원규칙, 헌법재판소규칙, 중앙선거관리위원회규칙, 대통령령 또는 지방자치단체의 조례로 정한다. [전문개정 2009. 2. 3]

제6장 징계 및 벌칙 〈개정 2009. 2. 3〉

[39] 본법 제22조(징계 등)

공직자윤리위원회는 공무원 또는 공직유관단체의 임직원이 다음 각 호의 어느 하나에 해당하면 이를 사유로 해임 또는 징계의결을 요구할 수 있다.

1. 제5조 제1항을 위반하여 재산등록을 하지 아니한 경우

2. 제6조 제1항(12월 중에 등록의무자가 된 경우의 변동사항 신고에 관한 같은 조 제3항을 포함한다.)·제8항, 제6조의 2 및 제11조 제1항을 위반하여 변동사항 신고 또는 주식거래내역 신고를 하지 아니하거나 소명자료의 첨부 등을 하지 아니한 경우

3. 제8조 제13항에 따른 공직자윤리위원회의 소명 요구에 대하여 거짓으로 소명하거나 거짓 자료를 제출한 경우

4. 제8조 제14항을 위반하여 정당한 사유 없이 소명 또는 자료 제출을 하지 아니한 경우

5. 제10조 제3항(제11조 제2항에서 준용하는 경우를 포함한다.)을 위반하여 허가 없이 등록사항을 열람·복사하거나 이를 하게 한 경우

6. 제12조 제1항(제6조의 2 제4항 및 제11조 제2항에서 준용하는 경우를 포함한다.)을 위반하여 허위등록 등 불성실하게 재산등록을 한 경우

7. 제12조 제2항(제6조의 2 제4항 및 제11조 제2항에서 준용하는 경우를 포함한다.)을 위반하여 공직자윤리위원회 등의 등록사항 심사에 응하지 아니한 경우

8. 제13조(제6조의 2 제4항 및 제11조 제2항에서 준용하는 경우를 포함한다.)를 위반하여 재산등록사항을 이 법에서 정한 목적 외의 용도로 이용한 경우

9. 제14조(제6조의 2 제4항, 제11조 제2항 및 제14조의 4 제6항에서 준용하는 경우를 포함한다.)를 위반하여 재산등록사항을 다른 사람에게 누설한 경우

10. 제14조의 4 제1항을 위반하여 신고를 하지 아니한 경우

11. 제14조의 6을 위반하여 주식을 취득하거나 신고를 하지 아니한 경우

12. 제14조의 7 제1항 본문을 위반하여 신탁재산의 관리·운용·처분에 관한 정보의 제공을 요구한 경우

13. 제14조의 7 제2항을 위반하여 신탁재산의 관리·운용·처분에 관여한 경우

14. 제14조의 10 제2항을 위반하여 주식백지신탁계약을 해지한 경우

15. 제15조를 위반하여 외국에서 받은 선물 또는 외국인에게서 받은 선물을 신고 또는 인도하지 아니한 경우 [전문개정 2009. 2. 3]

[40] **본법 제23조** 삭제 <2001. 7. 24>

[41] **본법 제24조**(재산등록 거부의 죄)

① 등록의무자가 정당한 사유 없이 재산등록을 거부하면 1년 이하의 징역 또는 1천만 원 이하의 벌금에 처한다.

② 제10조의 2 제1항 및 제2항에 따른 공직선거후보자 등이 정당한 사유 없이 등록대상재산에 관한 신고서를 제출하지 아니하면 6개월 이하의 징역 또는 500만 원 이하의 벌금에 처한다. [전문개정 2009. 2. 3]

[42] **본법 제24조의 2**(주식백지신탁 거부의 죄)

공개대상자 등이 정당한 사유 없이 제14조의 4 제1항 또는 제14조의 6 제2항을 위반하여 자신이 보유하는 주식을 매각 또는 백지신탁하지 아니하면 1년 이하의 징역 또는 1천만 원 이하의 벌금에 처한다. [전문개정 2009. 2. 3]

[43] **본법 제25조**(거짓 자료 제출 등의 죄)

공직자윤리위원회(제8조 제11항에 따라 공직자윤리위원회로부터 재산등록사항에 관한 권한을 위임받은 등록기관의 장 등을 포함한다. 이하 제26조에서 같다.) 또는 주식백지신탁 심사위원회로부터 제8조 제4항 및 제5항(제6조의 2 제4항, 제11조 제2항 및 제14조의 4 제6항에서 준용하는 경우를 포함한다.) 또는 제14조의 5 제10항에 따른 보고나 자료 제출 등을 요구받은 각 기관·단체·업체의 장이 거짓 보고나 거짓 자료를 제출하거나 정당한 사유 없이 보고 또는 자료 제출을 거부하면 1년 이하의 징역 또는 1

천만 원 이하의 벌금에 처한다. [전문개정 2009. 2. 3]

[44] 본법 제26조(출석거부의 죄)

공직자윤리위원회로부터 제8조 제6항(제6조의 2 제4항, 제11조 제2항 및 제14조의 4 제6항에서 준용하는 경우를 포함한다.)에 따른 출석요구를 받은 사람이 정당한 사유 없이 출석요구에 응하지 아니하면 6개월 이하의 징역 또는 500만 원 이하의 벌금에 처한다. [전문개정 2009. 2. 3]

[45] 본법 제27조(무허가 열람·복사의 죄)

제10조 제3항(제11조 제2항에서 준용하는 경우를 포함한다.)을 위반하여 허가 없이 재산등록사항을 열람·복사하거나 이를 하게 한 경우에는 1년 이하의 징역 또는 1천만 원 이하의 벌금에 처한다. [전문개정 2009. 2. 3]

[46] 본법 제28조(비밀누설의 죄)

① 제14조(제6조의 2 제4항, 제11조 제2항 및 제14조의 4 제6항에서 준용하는 경우를 포함한다.)를 위반하여 재산등록업무에 종사하거나 종사하였던 사람 또는 직무상 재산등록사항을 알게 된 사람이 공개된 재산등록사항 외의 재산등록사항을 정당한 사유 없이 누설하면 1년 이하의 징역 또는 1천만 원 이하의 벌금에 처한다.

② 제14조의 3(제6조의 2 제4항, 제11조 제2항 및 제14조의 4 제6항에서 준용하는 경우를 포함한다.)을 위반하여 금융거래의 내용에 관한 자료를 제공받은 사람이 그 자료를 타인에게 제공 또는 누설하거나 그 목적 외의 용도로 이용하면 3년 이하의 징역 또는

2천만 원 이하의 벌금에 처한다.

③ 제2항의 징역형과 벌금형은 함께 부과할 수 있다. [전문개정 2009. 2. 3]

[47] 본법 제28조의 2(주식백지신탁 관여금지 위반의 죄)

① 공개대상자 등 또는 그 이해관계자가 제14조의 7 제1항 본문을 위반하여 신탁재산의 관리·운용·처분에 관한 정보제공을 요구하거나, 신탁업자·집합투자업자·투자회사·투자매매업자 또는 투자중개업자의 임직원이 정보제공 요구에 응하면 각각 1년 이하의 징역 또는 1천만 원 이하의 벌금에 처한다.

② 공개대상자 등 또는 그 이해관계자가 제14조의 7 제2항을 위반하여 신탁재산의 관리·운용·처분에 관여하면 1년 이하의 징역 또는 1천만 원 이하의 벌금에 처한다. [전문개정 2009. 2. 3]

[48] 본법 제29조(취업제한 위반의 죄)

제17조 제1항을 위반하여 퇴직공직자가 영리사기업체 또는 협회에 취업하면 1년 이하의 징역 또는 1천만 원 이하의 벌금에 처한다. [전문개정 2009. 2. 3]

[49] 본법 제30조(과태료)

① 다음 각 호의 어느 하나에 해당하는 사람에게는 2천만 원 이하의 과태료를 부과한다.

1. 공직자윤리위원회가 제8조의 2 제1항 제2호(제6조의 2 제4항, 제11조 제2항 및 제14조의 4 제6항에서 준용하는 경우를 포함한다.)에 따라 과태료 부과 대상으로 결정한 사람

2. 제8조 제13항에 따른 공직자윤리위원회의 소명 요구에 거짓으로 소명하거나 거짓자료를 제출한 사람

3. 제8조 제14항을 위반하여 정당한 사유 없이 소명 또는 자료 제출을 하지 아니한 사람

② 다음 각 호의 어느 하나에 해당하는 사람에게는 1천만 원 이하의 과태료를 부과한다.

1. 제17조 제2항에 따른 자료 제출 요구를 정당한 사유 없이 거부하거나 거짓 자료를 제출한 영리사기업체 또는 협회의 장

2. 제19조 제2항에 따른 해임 요구를 거부한 영리사기업체 또는 는 협회의 장

③ 공직자윤리위원회는 제1항 및 제2항의 과태료 부과 대상자에 대해서는 그 위반사실을 「비송사건절차법」에 따른 과태료 재판 관할 법원에 통보하여야 한다. [전문개정 2009. 2. 3]

부칙 〈제9356호, 2009. 1. 30〉(고등교육법)

제1조(시행일) 이 법은 공포한 날부터 시행한다.

제2조(다른 법률의 개정)

① 생략

② 공직자윤리법 일부를 다음과 같이 개정한다. 제3조 제1항 제7호 및 제10조 제1항 제7호 중 "전문대학장"을 각각 "전

문대학의 장"으로 한다.

③ 생략

부칙 〈제9402호, 2009. 2. 3〉

제1조(시행일) 이 법은 공포한 날부터 시행한다. 다만, 제4조 제2
항·제3항, 제14조의 4 제1항 제2호, 제14조의 7 및 제28조의 2의
개정규정은 2009년 2월 4일부터 시행한다.

제2조(경과조치) 이 법 시행 당시 종전의 규정에 따라 재산등록
을 한 혼인한 여성 등록의무자는 제4조 제1항 제3호의 개정규정에
도 불구하고 종전의 규정에 따른다.

제3조(다른 법률의 개정)

① 공직선거법 일부를 다음과 같이 개정한다.

제266조 제1항 제3호 중 "「공직자윤리법」 제3조(등록의무자)
제1항 제10호 또는 제11호"를 "「공직자윤리법」 제3조 제1
항 제12호 또는 제13호"로 한다.

② 공직자 등의 병역사항 신고 및 공개에 관한 법률 일부를 다
음과 같이 개정한다.

제2조 제12호 중 "「공직자윤리법」 제3조 제1항 제9호 및
제10호"를 "「공직자윤리법」 제3조 제1항 제11호 또는 제12
호"로 한다.

③ 국가인권위원회법 일부를 다음과 같이 개정한다.

제2조 제6호 라목 중 "「공직자윤리법」 제3조 제1항 제10호"
를 "「공직자윤리법」 제3조 제1항 제12호"로 한다.

④ 부패방지 및 국민권익위원회의 설치와 운영에 관한 법률 일부를 다음과 같이 개정한다. 제2조 제1호 라목 중 "「공직자윤리법」 제3조 제1항 제10호"를 "「공직자윤리법」 제3조 제1항 제12호"로 한다.

Ⅲ. 국제상거래에 있어서 외국공무원에 대한 뇌물방지법 (1998. 12. 28 법률 제5588호)

OECD의 뇌물방지국제협약에 기하여 우리나라도 국제상거래에 있어서 외국의 공무원들에게 뇌물을 제공하는 행위를 처벌하기 위하여 뇌물범죄방지를 위한 국제적 연대를 하고 있다.

Ⅳ. 국가공무원법

[1] **입법취지:** 이 법은 각급 기관에서 근무하는 모든 국가공무원에게 적용할 인사행정의 근본 기준을 확립하여 그 공정을 기함과 아울러 국가공무원에게 국민 전체의 봉사자로서 행정의 민주적이며 능률적인 운영을 기하게 하는 것을 목적으로 한다. [전문개정 2008. 3. 28]

[2] **용어정의(제2조)**
① 국가공무원(이하 "공무원"이라 한다.)은 경력직공무원과 특수경력

직공무원으로 구분한다.

② "경력직공무원"이란 실적과 자격에 따라 임용되고 그 신분이 보장되며 평생토록 공무원으로 근무할 것이 예정되는 공무원을 말하며, 그 종류는 다음 각 호와 같다.

1. 일반직공무원: 기술·연구 또는 행정 일반에 대한 업무를 담당하며, 직군(職群)·직렬(職列)별로 분류되는 공무원

2. 특정직공무원: 법관, 검사, 외무공무원, 경찰공무원, 소방공무원, 교육공무원, 군인, 군무원, 헌법재판소 헌법연구관, 국가정보원의 직원과 특수 분야의 업무를 담당하는 공무원으로서 다른 법률에서 특정직공무원으로 지정하는 공무원

3. 기능직공무원: 기능적인 업무를 담당하며 그 기능별로 분류되는 공무원

③ "특수경력직공무원"이란 경력직공무원 외의 공무원을 말하며, 그 종류는 다음 각 호와 같다.

1. 정무직공무원

　가. 선거로 취임하거나 임명할 때 국회의 동의가 필요한 공무원

　나. 고도의 정책결정 업무를 담당하거나 이러한 업무를 보조하는 공무원으로서 법률이나 대통령령(대통령실의 조직에 관한 대통령령만 해당한다.)에서 정무직으로 지정하는 공무원

2. 별정직공무원: 특정한 업무를 담당하기 위하여 별도의 자격기준에 따라 임용되는 공무원으로서 법령에서 별정직으로 지정하는 공무원

3. 계약직공무원: 국가와의 채용 계약에 따라 전문지식·기술이 요구되거나 임용에 신축성 등이 요구되는 업무에 일정

기간 종사하는 공무원

4. 고용직공무원: 단순한 노무에 종사하는 공무원

④ 제3항에 따른 별정직공무원·계약직공무원 및 고용직공무원의 채용조건·임용절차·근무상한연령, 그 밖에 필요한 사항은 국회규칙, 대법원규칙, 헌법재판소규칙, 중앙선거관리위원회규칙 또는 대통령령으로 정한다. [전문개정 2008. 3. 28]

[3] **본법 제2조의 2**(고위공무원단)

① 국가의 고위공무원을 범정부적 차원에서 효율적으로 인사관리하여 정부의 경쟁력을 높이기 위하여 고위공무원단을 구성한다.

② 제1항의 "고위공무원단"이란 직무의 곤란성과 책임도가 높은 다음 각 호의 직위(이하 "고위공무원단 직위"라 한다.)에 임용되어 재직 중이거나 파견·휴직 등으로 인사 관리되고 있는 일반직공무원·별정직공무원·계약직공무원 및 특정직공무원(특정직공무원은 다른 법률에서 고위공무원단에 속하는 공무원으로 임용할 수 있도록 규정하고 있는 경우만 해당한다.)의 군(群)을 말한다.

1. 「정부조직법」 제2조에 따른 중앙행정기관의 실장·국장 및 이에 상당하는 보좌기관

2. 행정부 각급 기관(감사원은 제외한다.)의 직위 중 제1호의 직위에 상당하는 직위

3. 「지방자치법」 제110조 제2항·제112조 제5항 및 「지방교육자치에 관한 법률」 제33조 제2항에 따라 국가공무원으로 보하는 지방자치단체 및 지방교육행정기관의 직위 중 제1

호의 직위에 상당하는 직위

4. 그 밖에 다른 법령에서 고위공무원단에 속하는 공무원으로
   임용할 수 있도록 정한 직위

③ 행정안전부장관은 고위공무원단에 속하는 공무원이 갖추어
  야 할 능력과 자질을 설정하고 이를 기준으로 고위공무원단
  직위에 임용되려는 자를 평가하여 신규채용·승진임용 등
  인사관리에 활용할 수 있다.

④ 제2항에 따른 인사관리의 구체적인 범위, 제3항에 따른 능
  력과 자질의 내용, 평가 대상자의 범위, 평가 방법 및 평가
  결과의 활용 등에 필요한 사항은 대통령령으로 정한다. [전문
  개정 2008. 3. 28]

[4] 본법 제3조(적용범위)

① 이 법의 규정은 제33조, 제46조부터 제67조까지 및 제69조
  외에는 이 법이나 그 밖의 법률에 특별한 규정이 없으면 특
  수경력직공무원에게 적용하지 아니한다. 다만, 제33조와 제
  69조는 제2조제3항 제1호의 정무직공무원에게 적용하지 아
  니한다.

② 제26조의 2와 제26조의 3은 국회규칙, 대법원규칙, 헌법재판
  소규칙, 중앙선거관리위원회규칙 또는 대통령령으로 정하는
  공무원에게만 적용한다.

③ 제65조와 제66조는 제1항에도 불구하고 대통령령으로 정하는
  특수경력직공무원에게 적용하지 아니한다. [전문개정 2008. 3. 28]

[5] **본법 제4조**(일반직공무원 및 기능직공무원의 계급구분 등)

① 일반직공무원은 1급부터 9급까지의 계급으로 구분한다. 다
만, 고위공무원단에 속하는 공무원은 그러하지 아니하다.

② 국회규칙, 대법원규칙, 헌법재판소규칙, 중앙선거관리위원회
규칙 또는 대통령령으로 정하는 특수 업무분야에 종사하는
공무원이나 연구·특수기술 직렬의 공무원은 제1항에 따른
계급 구분을 적용하지 아니할 수 있다.

③ 기능직공무원의 계급 구분은 국회규칙, 대법원규칙, 헌법재판
소규칙, 중앙선거관리위원회규칙 또는 대통령령으로 정한다.

④ 제1항부터 제3항까지의 규정에 따른 각 계급의 직무의 종류
별 명칭은 국회규칙, 대법원규칙, 헌법재판소규칙, 중앙선거
관리위원회규칙 또는 대통령령으로 정한다. [전문개정 2008. 3. 28]

[6] **용어정의 제5조** 이 법에서 사용되는 용어의 정의는 다음과 같다.

1. "직위(職位)"란 1명의 공무원에게 부여할 수 있는 직무와 책
임을 말한다.

2. "직급(職級)"이란 직무의 종류·곤란성과 책임도가 상당히
유사한 직위의 군을 말한다.

3. "정급(定級)"이란 직위를 직급 또는 직무등급에 배정하는 것
을 말한다.

4. "강임(降任)"이란 같은 직렬 내에서 하위 직급에 임명하거나
하위 직급이 없어 다른 직렬의 하위 직급으로 임명하거나 고
위공무원단에 속하는 일반직공무원(제4조 제2항에 따라 같은 조 제1
항의 계급 구분을 적용하지 아니하는 공무원은 제외한다.)을 고위공무원단

직위가 아닌 하위 직위에 임명하는 것을 말한다.

5. "전직(轉職)"이란 직렬을 달리하는 임명을 말한다.

6. "전보(轉補)"란 같은 직급 내에서의 보직 변경 또는 고위공무원단 직위 간의 보직 변경(제4조 제2항에 따라 같은 조 제1항의 계급 구분을 적용하지 아니하는 공무원은 고위공무원단 직위와 대통령령으로 정하는 직위 간의 보직 변경을 포함한다.)을 말한다.

7. "직군(職群)"이란 직무의 성질이 유사한 직렬의 군을 말한다.

8. "직렬(職列)"이란 직무의 종류가 유사하고 그 책임과 곤란성의 정도가 서로 다른 직급의 군을 말한다.

9. "직류(職類)"란 같은 직렬 내에서 담당 분야가 같은 직무의 군을 말한다.

10. "직무등급"이란 직무의 곤란성과 책임도가 상당히 유사한 직위의 군을 말한다. [전문개정 2008. 3. 28]

[7] 본법 제61조(청렴의 의무)

① 공무원은 직무와 관련하여 직접적이든 간접적이든 사례·증여 또는 향응을 주거나 받을 수 없다.

② 공무원은 직무상의 관계가 있든 없든 그 소속 상관에게 증여하거나 소속 공무원으로부터 증여를 받아서는 아니 된다.

[전문개정 2008. 3. 28]

[8] 본법 제73조의 2(직위의 해제)

다른 법률에 특별한 규정이 있는 경우 외에는 특수경력직공무원에 대해서도 제71조 제1항 제3호, 같은 조 제2항 제4호, 같은 조 제

4항, 제72조 제2호·제7호 및 제73조를 준용한다. 다만, 계약직공무
원의 경우에는 휴직을 시작하려는 날부터 남은 계약 기간이 1년이
넘는 자에게 제71조 제2항 제4호를 준용한다. [전문개정 2008. 3. 28]

[9] **본법 제78조**(징계사유)

① 공무원이 다음 각 호의 어느 하나에 해당하면 징계 의결을
  요구하여야 하고 그 징계 의결의 결과에 따라 징계처분을
  하여야 한다.

  1. 이 법 및 이 법에 따른 명령을 위반한 경우

  2. 직무상의 의무(다른 법령에서 공무원의 신분으로 인하여 부과된 의무를 포
     함한다.)를 위반하거나 직무를 태만히 한 때

  3. 직무의 내외를 불문하고 그 체면 또는 위신을 손상하는 행
     위를 한 때

② 징계에 관하여 다른 법률의 적용을 받는 공무원이 이 법의
  징계에 관한 규정을 적용받는 공무원으로 임용된 경우에 임
  용 이전의 다른 법률에 따른 징계 사유는 그 사유가 발생한
  날부터 이 법에 따른 징계 사유가 발생한 것으로 본다.

③ 특수경력직공무원이 경력직공무원으로 임용된 경우에 임용
  전의 해당 특수경력직공무원의 징계를 규율하는 법령상의
  징계 사유는 그 사유가 발생한 날부터 이 장(章)에 따른 징
  계 사유가 발생한 것으로 본다.

④ 제1항의 징계 의결 요구는 5급 이상 공무원 및 고위공무원
  단에 속하는 일반직공무원은 소속 장관이, 6급 이하 공무원
  및 기능직공무원은 소속 기관의 장 또는 소속 상급기관의

장이 한다. 다만, 국무총리·행정안전부장관 및 국회규칙, 대법원규칙, 헌법재판소규칙, 중앙선거관리위원회규칙 또는 대통령령으로 정하는 각급 기관의 장은 다른 기관 소속 공무원이 징계 사유가 있다고 인정하면 관계 공무원에 대하여 관할 징계위원회에 직접 징계를 요구할 수 있다. [전문개정 2008. 3. 28]

[10] **본법 제79조**(징계의 종류): 징계는 파면·해임·강등·정직(停職)·감봉·견책(譴責)으로 구분한다. [개정 2008. 12. 31] [시행일 2009. 4. 1] [전문개정 2008. 3. 28]

[11] **본법 제80조**(징계의 효력)

① 강등은 1계급 아래로 직급을 내리고(고위공무원단에 속하는 공무원은 3급으로 임용하고, 연구관 및 지도관은 연구사 및 지도사로 한다.) 공무원신분은 보유하나 3개월간 직무에 종사하지 못하며 그 기간 중 보수의 3분의 2를 감한다. [신설 2008. 12. 31] [시행일 2009. 4. 1]

② 제1항에도 불구하고 이 법의 적용을 받는 특정직공무원 중 외무공무원과 교육공무원의 강등의 효력은 다음 각 호와 같다. [신설 2008. 12. 31] [시행일 2009. 4. 1]

1. 외무공무원의 강등은 「외무공무원법」 제20조의 2에 따라 배정받은 직무등급을 1등급 아래로 내리고(14등급 외무공무원은 고위공무원단 직위로 임용하고, 고위공무원단에 속하는 외무공무원은 9등급으로 임용한다.) 공무원신분은 보유하나 3개월간 직무에 종사하지 못하며 그 기간 중 보수의 3분의 2를 감한다.

2. 교육공무원의 강등은 「교육공무원법」 제2조 제10항에 따라 동종의 직무 내에서 하위의 직위에 임명하고, 공무원신분은 보유하나 3개월간 직무에 종사하지 못하며 그 기간 중 보수의 3분의 2를 감한다. 다만, 「고등교육법」 제14조에 해당하는 교원 및 조교에 대해서는 강등을 적용하지 아니한다.

③ 정직은 1개월 이상 3개월 이하의 기간으로 하고, 정직 처분을 받은 자는 그 기간 중 공무원의 신분은 보유하나 직무에 종사하지 못하며 보수의 3분의 2를 감한다. [개정 2008. 3. 28]

④ 감봉은 1개월 이상 3개월 이하의 기간 동안 보수의 3분의 1을 감한다. [개정 2008. 3. 28]

⑤ 견책(譴責)은 전과(前過)에 대하여 훈계하고 회개하게 한다.

[개정 2008. 3. 28]

⑥ 공무원으로서 징계처분을 받은 자에 대해서는 그 처분을 받은 날 또는 그 집행이 끝난 날부터 국회규칙, 대법원규칙, 헌법재판소규칙, 중앙선거관리위원회규칙 또는 대통령령으로 정하는 기간 동안 승진임용 또는 승급할 수 없다. 다만, 징계처분을 받은 후 직무수행의 공적으로 포상 등을 받은 공무원에 대해서는 국회규칙, 대법원규칙, 헌법재판소규칙, 중앙선거관리위원회규칙 또는 대통령령으로 정하는 바에 따라 승진임용이나 승급을 제한하는 기간을 단축하거나 면제할 수 있다. [개정 2008. 3. 28]

⑦ 징계에 관하여 다른 법률의 적용을 받는 공무원이 이 법의 징계에 관한 규정을 적용받는 공무원이 된 경우에는 다른 법률에 따라 받은 징계처분은 그 처분일로부터 이 법에 따

른 징계처분을 받은 것으로 본다. 다만, 제79조에서 정한 징계의 종류 외의 징계처분의 효력에 관해서는 국회규칙, 대법원규칙, 헌법재판소규칙, 중앙선거관리위원회규칙 또는 대통령령으로 정한다. [개정 2008. 3. 28]

⑧ 특수경력직공무원이 경력직공무원으로 임용된 경우에는 해당 특수경력직공무원의 징계를 규율하는 법령에 따라 받은 징계처분은 그 처분일로부터 이 법에 따른 징계처분을 받은 것으로 본다. 다만, 제79조에서 정한 징계의 종류 외의 징계처분의 효력에 관해서는 국회규칙, 대법원규칙, 헌법재판소규칙, 중앙선거관리위원회규칙 또는 대통령령으로 정한다. [개정 2008. 3. 28]

[12] 본법 제83조의 2(징계사유의 시효)

① 징계 의결의 요구는 징계 사유가 발생한 날부터 2년[금품 및 향응 수수(授受), 공금의 횡령(橫領)·유용(流用)의 경우에는 5년]이 지나면 하지 못한다. [개정 2008. 12. 31] [시행일 2009. 4. 1]

② 제83조 제1항 및 제2항에 따라 징계 절차를 진행하지 못하여 제1항의 기간이 지나거나 그 남은 기간이 1개월 미만인 경우에는 제1항의 기간은 제83조 제3항에 따른 조사나 수사의 종료 통보를 받은 날부터 1개월이 지난 날에 끝나는 것으로 본다.

③ 징계위원회의 구성·징계 의결, 그 밖에 절차상의 흠이나 징계양정의 과다(過多)를 이유로 소청심사위원회 또는 법원에서 징계처분의 무효 또는 취소의 결정이나 판결을 한 경우에

는 제1항의 기간이 지나거나 그 남은 기간이 3개월 미만인
경우에도 그 결정 또는 판결이 확정된 날부터 3개월 이내에
는 다시 징계 의결을 요구할 수 있다. [전문개정 2008. 3. 28]

Ⅴ. 특정범죄가중처벌등에관한법률상뇌물죄

[1] **본법 제2조 제1항:** 형법 제129조(단순수뢰죄·사전수뢰죄), 제130
조(제3자 뇌물제공죄) 또는 제132조(알선수뢰죄)에 규정된 죄를 범
한 자가 수뢰액이 3천만 원 이상 5천만 원 미만인 때는 5년
이상의 유기징역으로, 5천만 원 이상 1억 원 미만인 때는 7
년 이상의 유기징역으로, 1억 원 이상인 때는 무기 또는 10
년 이상의 징역으로 가중 처벌한다.

제2항: 형법 제129조(단순수뢰죄·사전수뢰죄), 제130조(제3자 뇌물제공
죄) 또는 제132조(알선수뢰죄)에 규정된 죄를 범한 자는 그 죄에
대하여 정한 형(제1항의 경우를 포함한다.)에 수뢰액의 2배 이상 5배
이하의 벌금을 병과(倂科)한다. [개정 2005. 12. 29, 2008. 12. 26][2]

[2] **본법 제3조:** "알선수재죄"를 규정하여 행위자가 비공무원일
지라도 공무원의 직무에 속한 사항에 관하여 알선을 하여 금
품이나 이익을 수수·요구 또는 약속을 한 자는 5년 이하의
징역 또는 1천만 원 이하의 벌금에 처한다.

---

2) 형법 제131조 1항(수뢰후부정처사죄)의 죄를 범한 자가 형법 제129조, 제130조의 죄를 범한
   후에 부정한 행위를 한 때는 특가법 제2조 1항 소정의 형법 제129조, 제130조에 규정된 죄
   를 범한 자에 해당된다. [대판 2004. 3. 26, 2003도8077]

[3] **본법 제4조:** 정부관리기업체의 간부직원(과장급 이상)을 형법 제129조 내지 제132조에 적용함에 있어서 공무원으로 의제(간주)하고 있다. 예컨대 농협중앙회 간부를 뇌물죄의 적용에서 공무원으로 의제할 수 있다는 대법원의 판례이다. [2007. 11. 30, 2007도6556]

Ⅵ. 특정경제범죄가중처벌등에관한법률상뇌물죄

[1] **본법 제5조:** 금융기관의 임직원의 수재죄(본법 제1항), 제3자 뇌물제공죄(본법 제2항), 알선수재죄(본법 제3항)를 수뢰가액(본법 제4항)에 따라 차별적으로 처벌하고 있다. 본법 제5조 제4항에 제1항 내지 제3항의 경우에 수수·요구 또는 약속한 금품 기타 이익의 가액(이하 "수수액"이라 한다.) 이 3천만 원 이상인 때에는 다음의 구분에 따라 가중 처벌한다. 제1호(수수액이 1억 원 이상인 때에는 무기 또는 10년 이상의 징역에 처한다.), 제2호(수수액이 5천만 원 이상 1억 원 미만인 때에는 7년 이상의 유기징역에 처한다.), 제3호(수수액이 3천만 원 이상 5천만 원 미만인 때에는 5년 이상의 유기징역에 처한다.)

본법 제5항: 제1항부터 제4항까지의 경우에 수수액의 2배 이상 5배 이하의 벌금을 병과(倂科)한다. [개정 2007. 5. 17, 2008. 12. 26]

[2] **본법 제5조 제1호 및 제2호:** 금융기관 임직원의 금품수수행위를 공무원의 뇌물수수행위보다 가중하게 처벌하도록 한 규정은 위헌결정으로 제1호 및 제2호는 효력이 상실되었다. [헌재결 2006. 4. 27, 2006헌가5][3)]

[3] 본법 제6조: 금융기관 임직원에 대한 증재죄 및 증재물전달
죄 등을 처벌하고 있다.

Ⅶ. 공무원범죄에관한몰수특례법상뇌물죄

[1] 입법취지: 이 법은 특정공무원범죄를 범한 자가 그 범죄행위
를 통하여 취득한 불법수익 등을 철저히 추적·환수하기 위
하여 몰수 등에 관한 특례를 규정함으로써 공직사회의 부정
부패요인을 근원적으로 제거하고 깨끗한 공직풍토를 조성함
을 그 목적으로 한다.

[2] 용어정의(제2조)

1. **"특정공무원범죄"** – 다음 각 목의 1에 해당하는 죄(그 죄와 다른
   죄가 형법 제40조의 관계에 있는 경우에는 그 다른 죄를 포함한다.)를 말한다.

   가. 형법 제129조 내지 제132조의 죄

   나. 회계관계직원등의책임에관한법률 제2조 제1호·제2호 또
   는 제4호(제1호 또는 제2호에 규정된 자의 보조자로서 그 회계사무의 일부
   를 처리하는 자에 한한다.)에 규정된 자가 국고 또는 지방자치단
   체에 손실을 미칠 것을 인식하고 그 직무에 관하여 범한
   형법 제355조의 죄

   다. 특정범죄가중처벌등에관한법률 제2조 및 제5조의 죄

---

3) 종래의 특경가법 제5조 4항 1호는 금융기관 임직원이 직무와 관련하여 받은 수수액이 5천만
  원 이상의 경우는 무기 또는 10년 이상의 징역에, 수수액이 1천만 원 이상 5천만 원 미만의
  경우는 5년 이상의 유기징역에 처하도록 규정하고 있었다.

2. "불법수익" - 특정공무원범죄의 범죄행위로 얻은 재산을 말한다.

3. "불법수익에서 유래한 재산" - 불법수익의 과실로 얻은 재산, 불법수익의 대가로 얻은 재산, 이들 재산의 대가로 얻은 재산 등 불법수익의 변형 또는 증식으로 형성된 재산(불법수익이 불법수익과 관련 없는 재산과 합하여져 변형되거나 증식된 경우에는 불법수익에서 비롯된 부분에 한한다.)을 말한다.

4. "불법재산" - 수뢰죄로 얻은 불법수익 및 불법수익에서 유래한 재산을 말한다.

[3] **본법 제3조**(불법재산의 몰수)

① 공무원이 수뢰죄에 의해 취득한 불법재산은 이를 몰수한다.

② 제1항의 규정에 의하여 몰수하여야 할 재산에 대하여 재산의 성질, 사용상황, 그 재산에 관한 범인 외의 자의 권리유무 기타 사정으로 이를 몰수함이 합당하지 아니하다고 인정될 때에는 제1항의 규정에 불구하고 몰수하지 아니할 수 있다.

③ 제1항의 경우 형사소송법 제333조 제1항 및 제2항의 규정은 이를 적용하지 아니한다.

[4] **본법 제4조**(불법재산이 합하여진 재산의 몰수방법) 불법재산이 불법재산 외의 재산과 합하여진 경우에 제3조 제1항의 규정에 의하여 그 불법재산을 몰수하여야 하는 때에는 불법재산과 그 외의 재산이 합하여진 재산(이하 "혼합재산"이라 한다.) 중 불법재산의 비율에 상당하는 부분을 몰수한다.

[5] **본법 제5조**(몰수의 요건 등)

① 제3조의 규정에 의한 몰수는 불법재산 또는 혼합재산이 범인 외의 자에게 귀속되지 아니하는 경우에 한한다. 다만, 제2조 제1호 나목의 죄와 다목의 죄 중 특정범죄가중처벌등에관한 법률 제5조의 죄에 있어서 불법재산 또는 혼합재산이 국가 또는 지방자치단체의 소유에 속한 경우 및 범인 외의 자가 범죄 후 그 정을 알면서 그 불법재산 또는 혼합재산을 취득한 경우(법령상의 의무이행으로 제공된 것을 취득하거나 또는 채권자에게 상당한 재산상의 이익을 제공하는 계약 시에 그 계약에 관련된 채무이행이 불법재산 또는 혼합재산에 의하여 행하여지는 것이라는 점을 알지 못하고 그 계약에 관련된 채무의 이행으로 제공된 것을 취득한 경우를 제외한다.)에는 그 불법재산 또는 혼합재산이 범인 외의 자에게 귀속된 경우에도 몰수할 수 있다.

② 지상권·저당권 기타의 권리가 그 위에 존재하는 재산을 제3조의 규정에 의하여 몰수하는 경우에 범인 외의 자가 범죄 전에 그 권리를 취득한 때 또는 범인 외의 자가 범죄 후 그 정을 알지 못하고 그 권리를 취득한 때에는 이를 존속시킨다.

[6] **본법 제6조**(추징) 불법재산을 몰수할 수 없거나 제3조 제2항의 규정에 의하여 몰수하지 아니하는 때에는 그 가액을 범인으로부터 추징한다.

[7] **본법 제7조**(불법재산의 입증) 특정공무원범죄 후 범인이 취득한 재산으로서 그 가액이 취득 당시의 범인의 재산운용상황 또는 법령에 기한 급부의 수령상황 등에 비추어 현저하게 고액이고 그 취득한 재산이 불법수익금액·재산취득시기 등 제반사정에 비추어 특정공무원범죄로 얻은 불법수익으로 형성되었다고 볼 만한 상당한 개연성이 있는 경우에는 특정공무원범죄로 얻은 불법수익이 그 재산의 취득에 사용된 것으로 인정할 수 있다.

[8] **본법 제9조**(몰수된 재산의 처분 등)

① 몰수된 재산은 검사가 이를 처분하여야 한다.

② 채권의 몰수재판이 확정된 때에는 검사는 그 채권의 채무자에게 몰수재판의 초본을 송부하여 그 요지를 통지하여야 한다.

[9] **본법 제12조**(몰수재산 처분의 특례)

① 제2조 제1호 나목의 범죄행위 또는 동 호 다목 중 특정범죄가중처벌등에관한법률 제5조의 범죄행위와 관련하여 몰수 또는 추징판결이 확정된 경우 피해를 입은 국가의 특별회계 관리 주체 및 지방자치단체는 국가에 대하여 피해액에 상당하는 금원의 지급을 요구할 수 있다.

② 국가는 제1항의 요구가 정당하다고 인정되는 경우에는 위 범죄행위와 관련한 몰수 또는 추징으로 국고에 귀속된 금원의 범위 안에서 이를 지급하여야 한다.

[10] 본법 제23조(몰수보전명령)

① 법원은 특정공무원범죄에 관련된 피고인에 대한 형사사건에 관하여 이 법의 규정에 의하여 몰수할 수 있는 재산(이하 "몰수대상재산"이라 한다.)에 해당한다고 판단할 만한 상당한 이유가 있고, 그 재산을 몰수하기 위하여 필요하다고 인정될 때에는 검사의 청구에 의하여 또는 직권으로 몰수보전명령을 발하여 그 재산에 관한 처분을 금지할 수 있다.

[11] 본법 제42조(추징보전명령)

① 법원은 특정공무원범죄에 관련된 피고인에 대한 형사사건에 관하여 제6조의 규정에 의하여 추징하여야 할 경우에 해당한다고 판단할 만한 상당한 이유가 있는 경우에 추징재판을 집행할 수 없게 될 염려가 있거나 집행이 현저히 곤란할 염려가 있다고 인정될 때에는 검사의 청구에 의하여 또는 직권으로 추징보전명령을 발하여 피고인에 대하여 재산의 처분을 금지할 수 있다.

[12] 본법 부칙: 제5장의 규정은 이 법 시행 전에 행한 형법 제129조 내지 제132조 및 특정범죄가중처벌등에관한법률 제2조의 범죄행위로 인하여 범인 또는 정을 아는 제3자가 받은 뇌물에 대해서도 적용한다. 이 경우 제23조 제1항 중 "이 법"은 "형법 제134조 전단"으로, 제42조 제1항 중 "제6조"는 "형법 제134조 후단"으로 각각 본다.

Ⅷ. 공무원연금법

[1] **입법취지:** 이 법은 공무원의 퇴직 또는 사망과 공무로 인한 부상·질병·폐질에 대하여 적절한 급여를 실시함으로써, 공무원 및 그 유족의 생활안정과 복리향상에 기여함을 목적으로 한다.

[2] **용어정의**(제3조)

① 이 법에서 사용하는 용어의 정의는 다음과 같다. [2000. 12. 30]

1. "공무원" – 상시 공무에 종사하는 다음 각 목의 1에 해당하는 자를 말한다. [시행일 2001. 1. 1]

　가. 국가공무원법·지방공무원법 그 밖의 법률에 의한 공무원. 다만, 군인과 선거에 의하여 취임하는 공무원은 제외한다.

　나. 대통령령이 정하는 국가 또는 지방자치단체의 기타의 직원

2. "유족" – 공무원 또는 공무원이었던 자의 사망 당시 그에 의하여 부양되고 있던 다음 각 목의 1에 해당하는 자를 말한다.

　가. 배우자(재직 당시에 혼인관계에 있던 자에 한하며, 사실상 혼인관계에 있던 자를 포함한다.)

　나. 자녀(퇴직일 이후에 출생 또는 입양한 자녀를 제외하되, 퇴직 당시의 태아는 재직 중 출생한 자녀로 본다. 이하 같다.)

　다. 부모(퇴직일 이후에 입양된 경우의 부모를 제외한다.)

　라. 손자녀(퇴직일 이후에 출생 또는 입양한 손자녀를 제외하되, 퇴직 당시의 태아는 재직 중 출생한 손자녀로 본다. 이하 같다.)

　마. 조부모(퇴직일 이후에 입양된 경우의 조부모를 제외한다.)

3. "퇴직" - 면직·사직 기타 사망 외의 사유로 인한 모든 해직을 말한다. 다만, 공무원의 자격이 소멸된 날 또는 그 다음 날에 다시 자격을 취득하고 이 법에 의한 퇴직급여 및 퇴직수당을 수령하지 아니한 경우에는 예외로 한다.

4. "보수월액" - 공무원의 종류 및 급별에 따라 지급되는 월급여액으로서 봉급과 기말수당의 연 지급 합계액을 12월로 평균한 금액과 대통령령이 정하는 수당액을 합한 금액을 말한다. 다만, 연봉을 받는 공무원의 보수월액은 공무원의 종류 및 급별 등을 고려하여 대통령령이 정하는 금액을 말한다. [시행일 2001. 1. 1]

5. "평균보수월액" - 급여의 사유가 발생한 날(퇴직으로 급여의 사유가 발생하거나 퇴직 후에 급여의 사유가 발생한 경우에는 퇴직한 날의 전 날을 말한다. 이하 같다.)이 속하는 달부터 소급하여 3년간(재직기간이 3년 미만인 경우에는 그 재직기간을 말한다.)의 보수월액을 공무원보수인상률 등을 고려하여 대통령령이 정하는 바에 따라 급여의 사유가 발생한 날의 현재가치로 환산한 후 이를 합한 금액을 해당 월수로 나눈 금액을 말한다. 다만, 제46조 제1항 제1호·제2호·제5호 및 제2항의 규정에 의한 퇴직연금·조기퇴직연금 및 제56조 제1항 제1호의 규정에 의한 유족연금(공무원이었던 자가 퇴직연금 또는 조기퇴직연금을 받다가 사망하여 그 유족이 유족연금을 받게 되는 경우를 제외한다.)의 산정의 기초가 되는 평균보수월액은 급여의 사유가 발생한 당시의 평균보수월액을 공무원보수인상률 등을 고려하여 대통령령이 정하는 바에 따라 연금의 지급이 시작되는 시점의 현재가치로 환산한 금액을 말한다. [시행일 2001. 1. 1]

6. "기관장" - 보수에 관한 예산을 집행하는 기관의 장으로서 대통령령이 정하는 자를 말한다.

7. "기여금징수의무자" - 예산지출사무에 종사하는 자로서 대통령령이 정하는 자를 말한다.

8. "기여금" - 급여에 소요되는 비용으로 공무원이 부담하는 금액을 말한다.

9. "부담금" - 급여에 소요되는 비용으로 국가 또는 지방자치단체가 부담하는 금액을 말한다.

② 제1항 제2호의 규정에 의한 자녀와 손자녀는 다음 각 호의 1에 해당하는 자에 한한다. 이 경우 손자녀는 그의 부가 없거나 그의 부가 대통령령이 정하는 정도의 폐질 상태에 있는 경우에 한한다.

1. 18세 미만인 자

2. 18세 이상인 자로서 대통령령이 정하는 정도의 폐질 상태에 있는 자

③ 공무원 또는 공무원이었던 자의 사망 당시의 태아는 이 법에 의한 급여에 있어서는 이미 출생한 것으로 본다.

[3] **본법 제64조**(형벌 등에 의한 급여의 제한)

① 공무원 또는 공무원이었던 자가 다음 각 호의 1에 해당하는 경우에는 대통령령이 정하는 바에 의하여 퇴직급여 및 퇴직수당의 일부를 감액하여 지급한다. 이 경우 퇴직급여액은 이미 납부한 기여금의 총액에 민법의 규정에 의한 이자를 가산한 금액 이하로 감액할 수 없다. [개정 1995. 12. 29, 2005. 5. 31]

1. 재직 중의 사유로 금고 이상의 형을 받은 때

2. 탄핵 또는 징계에 의하여 파면된 때

3. 금품 및 향응수수, 공금의 횡령·유용으로 징계 해임된 때

   [시행일 2005. 7. 1]

② 재직 중의 사유로 금고 이상의 형에 처할 범죄행위로 인하여 수사가 진행 중에 있거나 형사재판이 계속 중에 있는 때에는 대통령령이 정하는 바에 의하여 퇴직급여 및 퇴직수당의 일부에 대하여 지급을 정지할 수 있다. 이 경우 급여의 제한사유에 해당하지 아니하게 된 때에는 그 잔여금에 대통령령이 정하는 이자를 가산하여 지급한다. [신설 1995. 12. 29]

③ 형법 제2편 제1장(내란의 죄), 제2장(외환의 죄), 군형법 제2편 제1장(반란의 죄), 제2장(이적의 죄), 국가보안법(제10조를 제외한다.)에 규정된 죄를 범하여 금고 이상의 형을 받은 경우에는 이미 납부한 기여금의 총액에 민법의 규정에 의한 이자를 가산한 금액을 반환하되 급여는 지급하지 아니한다.

④ 삭제 [2000. 12. 30]

IX. 공무원행동강령

[1] **입법취지:** 이 영은 「부패방지 및 국민권익위원회의 설치와 운영에 관한 법률」 제8조에 따라 공무원이 준수하여야 할 행동기준을 규정하는 것을 목적으로 한다. [전문개정 2008. 12. 31]

   [시행일 2009. 2. 1]

[2] **용어정의:** 이 영에서 사용하는 용어의 정의는 다음과 같다.

[개정 2005. 12. 9] [시행일 2006. 1. 1]

1. **"직무관련자"**란 공무원의 소관 업무와 관련되는 자로서 다음 각 목의 어느 하나에 해당하는 개인(공무원이 사인(私人)의 지위에 있는 경우에는 개인으로 본다.) 또는 단체를 말한다.

  가. 「민원사무처리에 관한 법률 시행령」 제2조 제2항 제1호 및 제4호에 따른 민원사무를 신청하는 중이거나 신청하려는 것이 명백한 개인 또는 단체

  나. 인가·허가 등의 취소, 영업정지, 과징금 또는 과태료의 부과 등으로 이익 또는 불이익을 직접적으로 받는 개인 또는 단체

  다. 수사, 감사(監査), 감독, 검사, 단속, 행정지도 등의 대상인 개인 또는 단체

  라. 재결(裁決), 결정, 검정(檢定), 감정(鑑定), 시험, 사정(査定), 조정, 중재 등으로 직접적인 이익 또는 불이익을 받는 개인 또는 단체

  마. 징집, 소집, 동원 등의 대상인 개인 또는 단체

  바. 국가 또는 지방자치단체와 계약을 체결하거나 체결하려는 것이 명백한 개인 또는 단체

  사. 정책·사업 등의 결정 또는 집행으로 이익 또는 불이익을 직접적으로 받는 개인 또는 단체

  아. 그 밖에 중앙행정기관의 장(대통령 소속 기관 및 국무총리 소속 기관의 장을 포함한다.), 지방자치단체의 집행기관, 지방의회의 장, 교육감 및 교육위원회의 장(이하 "중앙행정기관의 장 등"이라

한다.)이 부패 방지를 위하여 정하는 업무와 관련된 개인
또는 단체

2. "직무관련공무원"이란 공무원의 직무수행과 관련하여 이익
또는 불이익을 직접적으로 받는 다른 공무원(기관이 이익 또는 불
이익을 받는 경우에는 그 기관의 관련 업무를 담당하는 공무원을 말한다.) 중
다음 각 목의 어느 하나에 해당하는 공무원을 말한다.

가. 공무원의 소관 업무와 관련하여 직무상 명령을 받는 하급자

나. 인사·예산·감사·상훈 또는 평가 등의 직무를 수행하
는 공무원의 소속 기관 공무원 또는 이와 관련되는 다른
기관의 담당 공무원 및 관련 공무원

다. 사무를 위임·위탁하는 경우 그 사무를 위임·위탁하는
공무원 및 사무를 위임·위탁받는 공무원

라. 그 밖에 중앙행정기관의 장 등이 정하는 공무원

3. "선물"이란 대가 없이(대가가 시장가격 또는 거래관행과 비교하여 현저하
게 낮은 경우를 포함한다.) 제공되는 물품 또는 유가증권, 숙박권,
회원권, 입장권, 그 밖에 이에 준하는 것을 말한다.

4. "향응"이란 음식물·골프 등의 접대 또는 교통·숙박 등의 편
의를 제공하는 것을 말한다. [전문개정 2008. 12. 31] [시행일 2009. 2. 1]

[3] **적용범위:** 이 영은 국가공무원(국회, 법원, 헌법재판소 및 선
거관리위원회 소속의 국가공무원은 제외한다.)과 지방공무원
에게 적용한다. [전문개정 2008. 12. 31] [시행일 2009. 2. 1] [본조제목개정
2008. 12. 31] [시행일 2009. 2. 1]

[4] 본법 제10조(이권개입 등의 금지)

공무원은 자신의 직위를 직접 이용하여 부당한 이익을 얻거나 타인이 부당한 이익을 얻도록 해서는 아니 된다. [전문개정 2008. 12. 31] [시행일 2009. 2. 1] [본조제목개정 2008. 12. 31] [시행일 2009. 2. 1]

[5] 제10조의 2(직위의 사적 이용 금지)

공무원은 직무의 범위를 벗어나 사적 이익을 위하여 소속 기관의 명칭이나 직위를 공표·게시하는 등의 방법으로 이용하거나 이용하게 해서는 아니 된다. [본조신설 2008. 12. 31] [시행일 2009. 2. 1]

[6] 본법 제11조(알선·청탁 등의 금지)

① 공무원은 자기 또는 타인의 부당한 이익을 위하여 다른 공무원의 공정한 직무수행을 해치는 알선·청탁 등을 해서는 아니 된다.

② 공무원은 직무수행과 관련하여 자기 또는 타인의 부당한 이익을 위하여 직무관련자를 다른 직무관련자나 「부패방지 및 국민권익위원회의 설치와 운영에 관한 법률」 제2조 제3호에 따른 공직자에게 소개해서는 아니 된다. [전문개정 2008. 12. 31] [시행일 2009. 2. 1] [본조제목개정 2008. 12. 31] [시행일 2009. 2. 1]

[7] 본법 제14조(금품 등을 받는 행위의 제한)

① 공무원은 직무관련자로부터 금전, 부동산, 선물 또는 향응(이하 "금품 등"이라 한다.)을 받아서는 아니 된다. 다만, 다음 각 호의 어느 하나에 해당하는 경우에는 그러하지 아니하다.

1. 채무의 이행 등 정당한 권원에 의하여 제공되는 금품 등

2. 통상적인 관례의 범위에서 제공되는 음식물 또는 편의

3. 직무와 관련된 공식적인 행사에서 주최자가 참석자에게 일률적으로 제공하는 교통·숙박 또는 음식물

4. 불특정 다수인에게 배포하기 위한 기념품 또는 홍보용 물품

5. 질병·재난 등으로 어려운 처지에 있는 공무원을 돕기 위하여 공개적으로 제공되는 금품 등

6. 그 밖에 원활한 직무수행 등을 위하여 중앙행정기관의 장 등이 허용하는 범위에서 제공되는 금품 등

② 공무원은 직무관련공무원으로부터 금품 등을 받아서는 아니 된다. 다만, 다음 각 호의 어느 하나에 해당하는 경우에는 그러하지 아니하다.

1. 제1항 각 호의 어느 하나에 해당하는 경우

2. 통상적인 관례의 범위에서 제공되는 소액의 선물

3. 직원상조회 등에서 공개적으로 제공되는 금품 등

4. 상급자가 하급자에게 위로, 격려, 포상 등 사기를 높일 목적으로 제공하는 금품 등

③ 공무원은 직무관련자였던 자나 직무관련공무원이었던 사람으로부터 당시의 직무와 관련하여 금품 등을 받아서는 아니 된다. 다만, 제1항 각 호와 제2항 각 호의 어느 하나에 해당하는 경우는 제외한다.

④ 공무원은 배우자나 직계 존속·비속이 제1항부터 제3항까지의 규정에 따라 수령이 금지되는 금품 등을 받지 아니하도록 하여야 한다. [전문개정 2008. 12. 31] [시행일 2009. 2. 1]

[8] **본법 제14조 2**(금품 등을 주는 행위의 금지)

　공무원은 제14조 제2항에 따라 자신으로부터 금품 등을 받는 것이 금지된 공무원에게 금품 등을 제공해서는 아니 된다. 다만, 제14조 제2항 각 호에서 정한 경우는 제외한다. [본조신설 2008. 12. 31]

[시행일 2009. 2. 1]

[9] **본법 제16조**(금전의 차용금지 등)

　① 공무원은 직무관련자(4촌 이내의 친족은 제외한다. 이하 이 조에서 같다.) 또는 직무관련공무원에게 금전을 빌리거나 빌려 주어서는 아니 되며 부동산을 무상(대여의 대가가 시장가격 또는 거래관행과 비교하여 현저하게 낮은 경우를 포함한다. 이하 이 조에서 같다.)으로 대여받아서는 아니 된다. 다만, 「금융실명거래 및 비밀보장에 관한 법률」 제2조에 따른 금융기관으로부터 통상적인 조건으로 금전을 빌리는 경우는 제외한다.

　② 제1항 본문에도 불구하고 부득이한 사정으로 직무관련자 또는 직무관련공무원에게 금전을 빌리거나 빌려 주는 것과 부동산을 무상으로 대여받으려는 공무원은 소속 기관의 장에게 신고하여야 한다. [전문개정 2008. 12. 31] [시행일 2009. 2. 1] [본조제목개정 2008. 12. 31] [시행일 2009. 2. 1]

[10] **본법 제17조**(경조사의 통지와 경조금품의 수수 제한 등)

　① 공무원은 직무관련자나 직무관련공무원에게 경조사를 알려서는 아니 된다. 다만, 다음 각 호의 어느 하나에 해당하는 경우에는 경조사를 알릴 수 있다.

1. 친족에 대한 통지

2. 현재 근무하고 있거나 과거에 근무하였던 기관의 소속 직원
에 대한 통지

3. 신문, 방송 또는 제2호에 따른 직원에게만 열람이 허용되는
내부통신망 등을 통한 통지

4. 공무원 자신이 소속된 종교단체·친목단체 등의 회원에 대
한 통지

② 공무원은 경조사와 관련하여 중앙행정기관의 장 등이 소속
직원들의 의견을 수렴하여 통상적인 관례의 범위에서 정하
는 기준을 초과하여 금품 등을 주거나 받아서는 아니 된다.
다만, 다음 각 호의 어느 하나에 해당하는 경우는 제외한다.

1. 공무원과 친족 간에 주고받는 경조사 관련 금품 등

2. 공무원 자신이 소속된 종교단체·친목단체 등에서 그 단체
등의 정관·회칙 등에서 정하는 바에 따라 제공되는 경조
사 관련 금품 등

3. 그 밖에 중앙행정기관의 장 등이 정하는 경조사 관련 금품
등 [전문개정 2008. 12. 31] [시행일 2009. 2. 1]

X. 범죄수익은닉의 규제 및 처벌 등에 관한 법률(돈세탁법)

[1] **입법취지:** 이 법은 특정범죄와 관련된 범죄수익의 취득 등에
관한 사실을 가장하거나 특정범죄를 조장할 목적 또는 적법
하게 취득한 재산으로 가장할 목적으로 범죄수익을 은닉하는

행위를 규제하고, 특정범죄와 관련된 범죄수익의 몰수 및 추
징에 관한 특례를 규정함으로써 특정범죄를 조장하는 경제적
요인을 근원적으로 제거하여 건전한 사회질서의 유지에 이바
지함을 목적으로 한다. [시행일 2001. 11. 28]

[2] 용어정의(제2조) 이 법에서 사용하는 용어의 정의는 다음과
같다. [개정 2004. 3. 22 법률 제7196호(성매매알선등행위의처벌에관한법률)]
[시행일 2004. 9. 23]

1. "특정범죄" – 재산상의 부정한 이익을 취득할 목적으로 범한
   죄로서 별표에 규정된 죄(이하 "중대범죄"라 한다.)와 제2호 나목
   에 규정된 죄를 말한다. 이 경우 중대범죄 및 제2호 나목에
   규정된 죄와 다른 죄가 형법 제40조의 관계에 있는 경우에
   는 그 다른 죄를 포함하며, 외국인이 대한민국 외에서 한 행
   위로서 그 행위가 대한민국 내에서 행하여졌다면 중대범죄
   또는 제2호 나목에 규정된 죄에 해당하고 행위지의 법령에
   의하여 죄에 해당하는 경우 당해 죄를 포함한다.

2. "범죄수익" – 다음 각 목의 1에 해당하는 것을 말한다.

   가. 중대범죄의 범죄행위에 의하여 생긴 재산 또는 그 범죄행
      위의 보수로 얻은 재산

   나. 성매매알선등행위의처벌에관한법률 제19조 제2항 제1호(성
      매매알선등행위 중 성매매에 제공되는 사실을 알면서 자금·토지 또는 건물을
      제공하는 행위에 한한다.), 폭력행위등처벌에관한법률 제5조 제2
      항·제6조(제5조 제2항의 미수범에 한한다.), 국제상거래에있어서
      외국공무원에대한뇌물방지법 제3조 제1항, 특정경제범죄가

116

중처벌등에관한법률 제4조의 죄에 관계된 자금 또는 재산

3. "범죄수익에서 유래한 재산" – 범죄수익의 과실로 얻은 재산, 범죄수익의 대가로 얻은 재산 및 이들 재산의 대가로 얻은 재산 그 밖에 범죄수익의 보유 또는 처분에 의하여 얻은 재산을 말한다.

4. "범죄수익 등" – 범죄수익, 범죄수익에서 유래한 재산 및 이들 재산과 이들 재산 외의 재산이 혼화된 재산을 말한다. [시행일 2001. 11. 28]

[3] 본법 제3조(범죄수익 등의 은닉 · 가장)

① 다음 각 호의 1에 해당하는 자는 5년 이하의 징역 또는 3천만 원 이하의 벌금에 처한다.

 1. 범죄수익 등의 취득 또는 처분에 관한 사실을 가장한 자

 2. 범죄수익의 발생 원인에 관한 사실을 가장한 자

 3. 특정범죄를 조장하거나 또는 적법하게 취득한 재산으로 가장할 목적으로 범죄 수익 등을 은닉한 자

② 제1항의 미수범은 처벌한다.

③ 제1항의 죄를 범할 목적으로 예비 또는 음모한 자는 2년 이하의 징역 또는 1천만 원 이하의 벌금에 처한다. [시행일 2001. 11. 28]

[4] 본법 제4조(범죄 수익 등의 수수) 정을 알면서 범죄 수익 등을 수수(收受)한 자는 3년 이하의 징역 또는 2천만 원 이하의 벌금에 처한다. 다만, 법령상의 의무이행으로 제공된 것을 수

수한 자 또는 계약(채권자가 상당한 재산상의 이익을 제공하는 것에 한한
다.) 시에 그 계약에 관련된 채무의 이행이 범죄 수익 등에
의하여 행하여지는 것이라는 정을 알지 못하고 그 계약에 관
련된 채무의 이행으로 제공된 것을 수수한 자의 경우에는 그
러하지 아니하다. [시행일 2001. 11. 28]

[5] **본법 제8조**(범죄 수익 등의 몰수)

① 다음 각 호의 재산은 이를 몰수할 수 있다.

 1. 범죄수익

 2. 범죄수익에서 유래한 재산

 3. 제3조 또는 제4조의 범죄행위에 관계된 범죄 수익 등

 4. 제3조 또는 제4조의 범죄행위에 의하여 생긴 재산 또는 그
    범죄행위의 보수로 얻은 재산

 5. 제3호 또는 제4호의 규정에 의한 재산의 과실 또는 대가로
    얻은 재산 또는 이들 재산의 대가로 얻은 재산 그 밖에 그
    재산의 보유 또는 처분에 의하여 얻은 재산

② 제1항의 규정에 의하여 몰수할 수 있는 재산(이하 "몰수대상재
   산"이라 한다.)이 몰수대상재산 외의 재산과 혼화된 경우에 그
   몰수대상재산을 몰수하여야 하는 때에는 혼화에 의하여 생
   긴 재산(이하 "혼화재산"이라 한다.) 중 몰수대상재산(당해 혼화에 관련
   된 부분에 한한다.)의 금액 또는 수량에 상당하는 부분을 몰수할
   수 있다.

③ 제1항의 규정에 불구하고 동 항 각 호의 재산이 범죄피해재
   산(재산에 관한 죄, 특정범죄가중처벌등에관한법률 제5조의 2 제1항 제1호 · 제

2항 제1호의 죄 또는 「채무자 회생 및 파산에 관한 법률」 제650조·제652조 및 제654조의 죄의 범죄행위에 의하여 그 피해자로부터 취득한 재산 또는 그 재산의 보유·처분에 의하여 얻은 재산을 말한다. 이하 같다.)인 때에는 이를 몰수할 수 없다. 제1항 각 호의 재산의 일부가 범죄피해재산인 경우에는 그 부분에 대해서도 또한 같다. [개정 2005. 3. 31 법률 제7428호(채무자 회생 및 파산에 관한 법률)] [시행일 2006. 4. 1]

[6] 본법 제9조(몰수의 요건 등)

① 제8조 제1항의 규정에 의한 몰수는 몰수대상재산 또는 혼화재산이 범인 외의 자에게 귀속되지 아니하는 경우에 한한다. 다만, 범인 외의 자가 범죄 후 그 정을 알면서 그 몰수대상재산 또는 혼화재산을 취득한 경우(그 몰수대상재산 또는 혼화재산의 취득이 제4조 단서에 해당하는 경우를 제외한다.)에는 그 몰수대상재산 또는 혼화재산이 범인 외의 자에게 귀속된 경우에도 이를 몰수할 수 있다.

[7] 본법 제10조(추징)

① 제8조 제1항의 규정에 의하여 몰수할 재산을 몰수할 수 없거나 그 재산의 성질, 사용상황, 그 재산에 관한 범인 외의 자의 권리유무 그 밖의 사정으로 인하여 이를 몰수함이 상당하지 아니하다고 인정될 때에는 그 가액을 범인으로부터 추징할 수 있다.

② 제1항의 규정에 불구하고 제8조 제1항의 재산이 범죄피해재산인 경우에는 그 가액을 추징할 수 없다. [시행일 2001. 11. 28]

범죄수익은닉의규제및처벌등에관한법률개정안(2001. 9)

제1조(목적) 이 법은 특정범죄와 관련된 범죄수익의 취득 등에 관한 사실을 가장하거나 특정범죄를 조장할 목적 또는 적법하게 취득한 재산으로 가장할 목적으로 범죄수익을 은닉하는 행위를 규제하고, 특정범죄와 관련된 범죄수익의 **몰수 및 추징에 관한 특례**를 규정함으로써 특정범죄를 조장하는 경제적 요인을 근원적으로 제거하여 건전한 사회질서의 유지에 이바지함을 목적으로 한다.

제2조(정의) 이 법에서 사용하는 용어의 정의는 다음과 같다.

1. **"특정범죄"**라 함은 재산상의 부정한 이익을 취득할 목적으로 범한 죄로서 별표에 규정된 죄(이하 "중대범죄"라 한다.)와 제2호 나목에 규정된 죄를 말한다. 이 경우 중대범죄 및 제2호 나목에 규정된 죄와 다른 죄가 형법 제40조의 관계에 있는 경우에는 그 다른 죄를 포함하며, 외국인이 대한민국 외에서 한 행위로서 그 행위가 대한민국 내에서 행하여졌다면 중대범죄 또는 제2호 나목에 규정된 죄에 해당하고 행위지의 법령에 의하여 죄에 해당하는 경우 당해 죄를 포함한다.

2. **"범죄수익"**이라 함은 다음 각 목의 1에 해당하는 것을 말한다.
   가. 중대범죄의 범죄행위에 의하여 생긴 재산 또는 그 범죄행

위의 보수로서 얻은 재산

　나. 윤락행위등방지법 제25조 제1항 제3호, 폭력행위등처벌에
　　　관한법률 제5조 제2항·제6조(제5조 제2항의 미수범에 한한다.),
　　　국제상거래에있어서외국공무원에대한뇌물방지법 제3조 제
　　　1항, 특정경제범죄가중처벌등에관한법률 제4조의 죄에 관
　　　계된 자금 또는 재산

3. **"범죄수익에서 유래한 재산"**이라 함은 범죄수익의 과실로 얻
　은 재산, 범죄수익의 대가로 얻은 재산 및 이들 재산의 대가
　로 얻은 재산 기타 범죄수익의 보유 또는 처분에 의하여 얻
　은 재산을 말한다.

4. **"범죄수익 등"**이라 함은 범죄수익, 범죄수익에서 유래한 재산
　및 이들 재산과 이들 재산 외의 재산이 혼화된 재산을 말한다.

제3조(범죄수익 등의 은닉·가장)

① 다음 각 호의 1에 해당하는 자는 5년 이하의 징역 또는 3천
　만 원 이하의 벌금에 처한다.

　1. 범죄수익 등의 취득 또는 처분에 관한 사실을 가장한 자

　2. 범죄수익의 발생 원인에 관한 사실을 가장한 자

　3. 특정범죄를 조장하거나 또는 적법하게 취득한 재산으로 가
　　장할 목적으로 범죄수익 등을 은닉한 자

② 제1항의 미수범은 처벌한다.

③ 제1항의 죄를 범할 목적으로 예비 또는 음모한 자는 2년 이
　하의 징역 또는 1천만 원 이하의 벌금에 처한다.

제4조(범죄수익 등의 수수)

정을 알면서 범죄수익 등을 수수(收受)한 자는 3년 이하의 징역 또는 2천만 원 이하의 벌금에 처한다. 다만, 법령상의 의무이행으로 제공된 것을 수수한 자 또는 계약(채권자가 상당한 재산상의 이익을 제공하는 것에 한한다.) 시에 그 계약에 관련된 채무의 이행이 범죄수익 등에 의하여 행하여지는 것이라는 정을 알지 못하고 그 계약에 관련된 채무의 이행으로 제공된 것을 수수한 자의 경우에는 그러하지 아니하다.

제5조(금융기관 등의 신고 등)

① 특정금융거래정보의보고및이용등에관한법률 제2조 제1호 규정에 의한 금융기관 등(이하 "금융기관 등"이라 한다.)에 종사하는 자는 동법 제2조 제2호의 규정에 의한 금융거래와 관련하여 수수한 재산이 범죄수익 등이라는 사실을 알게 된 때 또는 금융거래의 상대방이 제3조의 죄에 해당하는 행위를 하고 있다는 사실을 알게 된 때에는 다른 법률의 규정에 불구하고 지체 없이 관할수사기관에 신고하여야 한다.

② 금융기관 등에 종사하는 자는 제1항의 규정에 의하여 신고를 하고자 하거나 신고한 경우 그 사실을 당해 신고에 관련된 금융거래의 상대방 및 그의 관계자에게 누설하여서는 아니 된다.

③ 제1항 또는 제2항에 위반한 자는 2년 이하의 징역 또는 1천만 원 이하의 벌금에 처한다.

제6조(징역과 벌금의 병과) 제3조·제4조 및 제5조 제3항의 규정에 의한 죄를 범한 자에게는 징역과 벌금을 병과할 수 있다.

제7조(양벌규정) 법인의 대표자, 법인 또는 개인의 대리인·사용인 기타 종업원이 그 법인 또는 개인의 업무에 관하여 제3조 내지 제5조의 위반행위를 한 때에는 행위자를 벌하는 외에 그 법인 또는 개인에 대해서도 각 해당 조의 벌금형을 과한다.

제8조(범죄수익 등의 몰수)

① 다음 각 호의 재산은 이를 몰수할 수 있다.

  1. 범죄수익

  2. 범죄수익에서 유래한 재산

  3. 제3조 또는 제4조의 범죄행위에 관계된 범죄수익 등

  4. 제3조 또는 제4조의 범죄행위에 의하여 생긴 재산 또는 그 범죄행위의 보수로 얻은 재산

  5. 제3호 또는 제4호의 규정에 의한 재산의 과실 또는 대가로 얻은 재산 또는 이들 재산의 대가로 얻은 재산 기타 그 재산의 보유 또는 처분에 의하여 얻은 재산

② 제1항의 규정에 의하여 몰수할 수 있는 재산(이하 "몰수대상재산"이라 한다.)이 몰수대상재산 외의 재산과 혼화된 경우에 그 몰수대상재산을 몰수하여야 하는 때에는 혼화에 의하여 생긴 재산(이하 "혼화재산"이라 한다.) 중 몰수대상재산(당해 혼화에 관련된 부분에 한한다.)의 금액 또는 수량에 상당하는 부분을 몰수할 수 있다.

③ 제1항의 규정에도 불구하고 동 항 각 호의 재산이 범죄피해

재산(재산에 관한 죄, 특정범죄가중처벌등에관한법률 제5조의 2 제1항 제1호·제2항 제1호의 죄 또는 파산법 제366조·제368조 및 제370조의 죄의 범죄행위에 의하여 그 피해자로부터 취득한 재산 또는 그 재산의 보유·처분에 의하여 얻은 재산을 말한다. 이하 같다.)인 때에는 이를 몰수할 수 없다. 제1항 각 호의 재산의 일부가 범죄피해재산인 경우에는 그 부분에 대해서도 또한 같다.

제9조(몰수의 요건 등)

① 제8조 제1항의 규정에 의한 몰수는 몰수대상재산 또는 혼화재산이 범인 외의 자에게 귀속되지 아니하는 경우에 한한다. 다만, 범인 외의 자가 범죄 후 그 정을 알면서 그 몰수대상재산 또는 혼화재산을 취득한 경우(그 몰수대상재산 또는 혼화재산의 취득이 제4조 단서에 해당하는 경우를 제외한다.)에는 그 몰수대상재산 또는 혼화재산이 범인 외의 자에게 귀속된 경우에도 이를 몰수할 수 있다.

② 지상권·저당권 기타의 권리가 그 위에 존재하는 재산을 제8조 제1항의 규정에 의하여 몰수하는 경우에 범인 외의 자가 범죄 전에 그 권리를 취득한 때 또는 범죄 후 그 정을 알지 못하고 그 권리를 취득한 때에는 그 권리를 존속시킨다.

제10조(추징)

① 제8조 제1항의 규정에 의하여 몰수할 재산을 몰수할 수 없거나 그 재산의 성질, 사용상황, 그 재산에 관한 범인 외의 자의 권리유무 기타의 사정으로 인하여 이를 몰수함이 상당

하지 아니하다고 인정될 때에는 그 가액을 범인으로부터 추
징할 수 있다.

② 제1항의 규정에도 불구하고 제8조 제1항의 재산이 범죄피해
재산인 경우에는 그 가액을 추징할 수 없다.

제11조(국제공조의 실시)

특정범죄와 제3조 및 제4조의 죄에 해당하는 행위에 대한 외국
의 형사사건에 관하여 그 외국으로부터 몰수 또는 추징의 확정재
판의 집행이나 몰수 또는 추징을 위한 재산보전의 공조요청이 있
는 때에는 다음 각 호의 1에 해당하는 경우를 제외하고는 그 요청
에 관하여 공조할 수 있다.

1. 공조요청의 대상이 되는 범죄와 관련된 행위가 대한민국 내
에서 행하여진 경우 당해 행위가 대한민국의 법령에 의하여
특정범죄 또는 제3조 및 제4조의 죄에 해당하지 아니한다고
인정되는 경우
2. 대한민국이 행하는 동종의 공조요청에 응한다는 취지의 공조
요청국의 보증이 없는 경우
3. 마약류불법거래방지에관한특례법 제64조 제1항 각 호의 1에
해당하는 경우

제12조(마약류불법거래방지에관한특례법의 준용)

마약류불법거래방지에관한특례법 제19조 내지 제63조·제64조
제2항 및 제65조 내지 제78조의 규정은 이 법에 의한 몰수 및 추
징과 국제공조에 관하여 이를 준용한다.

부 칙

① **(시행일)** 이 법은 공포 후 2개월이 경과한 날부터 시행한다.

② **(범죄수익 등의 은닉 및 수수행위에 관한 적용례)**

제3조 및 제4조의 규정은 이 법 시행 전에 발생한 범죄수익에 관하여 이 법 시행 후에 한 행위에 대해서도 이를 적용한다.

③ **(다른 법률의 개정)**

사법경찰관리의직무를행할자와그직무범위에관한법률 중 다음과 같이 개정한다.

제6조 제14호를 다음과 같이 한다.

14. 제5조 제19호에 규정된 자에 있어서는 다음 각 목의 범죄

　가. 소속관서 관할구역 안에서 발생하는 관세법위반사범, 대외무역법위반사범, 수출입물품의 통관과 관련된 지적재산권침해사범, 외국환거래법 중 지급수단·귀금속 또는 증권의 불법수출입사범, 수출입거래 및 이와 직접 관련되는 용역거래에 관한 외국환거래법위반사범

　나. 소속관서 관할구역 안에서 발생하는 가목에 규정된 범죄에 대한 범죄수익은닉의규제및처벌등에관한법률위반사범

　다. 소속관서 관할구역 중 우리나라와 외국을 왕래하는 항공기 또는 선박이 입·출항하는 공항·항만과 보세구역 안에서 발생하는 마약·향정신성의약품 및 대마사범

[별 표]

중대범죄(제2조 제1호 관련)

1. 형법 중 다음 각 목의 죄

가. 제2편 제5장 공안을 해하는 죄 중 제114조 제1항의 죄

나. 제2편 제7장 공무원의 직무에 관한 죄 중 제129조 내지 제 132조의 죄

다. 제2편 제18장 통화에 관한 죄 중 제207조・제208조・제212 조(제207조 및 제208조의 미수범에 한한다.) 및 제213조의 죄

라. 제2편 제19장 유가증권, 우표와 인지에 관한 죄 중 제214조 내지 제217조의 죄・제223조(제214조 내지 제217조의 미수 범에 한한다.) 및 제224조(제214조 및 제215조의 예비・음 모에 한한다.)의 죄

마. 제2편 제20장 문서에 관한 죄 중 제225조 내지 제227조의 2・제228조 제1항・제229조(제228조 제2항을 제외한다.)・ 제231조 내지 제234조 및 제235조[제225조 내지 제227조의 2・제228조 제1항・제229조(제228조 제2항을 제외한다.)・ 제231조 내지 제234조의 미수범에 한한다.]의 죄

바. 제2편 제23장 도박과 복표에 관한 죄 중 제246조 제2항 및 제247조의 죄

사. 제2편 제24장 살인의 죄 중 제250조・제254조(제250조의 미수범에 한한다.) 및 제255조(제250조의 예비・음모에 한

한다.)의 죄

  아. 제2편 제34장 신용, 업무와 경매에 관한 죄 중 제314조 및
      제315조의 죄

  자. 제2편 제37장 권리행사를 방해하는 죄 중 제323조 내지 제
      324조의 5·제325조 및 제326조의 죄

  차. 제2편 제38장 절도와 강도의 죄 중 제329조 내지 제331
      조·제333조 내지 제340조·제342조(제331조의 2·제332
      조 및 제341조의 미수범을 제외한다.) 및 제343조의 죄

  카. 제2편 제39장 사기와 공갈의 죄 중 제350조 및 제352조(제
      350조의 미수범에 한한다.)의 죄

  타. 제2편 제40장 횡령과 배임의 죄 중 제355조의 죄[회계관계
      직원등의책임에관한법률 제2조 제1호·제2호 또는 제4호
      (제1호 또는 제2호에 규정된 자의 보조자로서 그 회계사무
      의 일부를 처리하는 자에 한한다.)에 규정된 자가 국고 또는
      지방자치단체에 손실을 미칠 것을 인식하고 그 직무에 관하
      여 동 조의 죄를 범한 경우에 한한다.]

  파. 제2편 제41장 1. 장물에 관한 죄 중 제362조의 죄

2. **경륜·경정법** 제23조·제24조·제26조 및 제27조의 죄

3. **관세법** 제179조 및 제182조 제2항(제179조의 미수범에 한한다.)의 죄

4. **대외무역법** 제54조 제3호의 죄

5. **변호사법** 제111조의 죄

6. **부정수표단속법** 제5조의 죄

7. **사행행위등규제및처벌특례법** 제30조 제1항의 죄

8. **상법** 제622조 및 제624조(제622조의 미수범에 한한다.)의 죄

9. 상표법 제93조의 죄

10. 선물거래법 제95조의 8의 죄

11. 아동복지법 제40조 제1호 및 제42조의 죄

12. 여신전문금융업법 제70조 제1항·제2항 제3호 및 제5항의 죄

13. 윤락행위등방지법 제24조 및 제25조 제1항 제1호·제2호의 죄

14. 음반·비디오물및게임물에관한법률 제29조 제1항의 죄

15. 정치자금에관한법률 제30조 제1항 및 제2항의 죄

16. 증권거래법 제207조의 2의 죄

17. 직업안정법 제46조 및 제47조 제1호의 죄

18. 총포·도검·화약류등단속법 제70조의 죄

19. 특정경제범죄가중처벌등에관한법률 제3조·제5조 및 제7조의 죄

20. 특정범죄가중처벌등에관한법률 제2조·제3조·제5조·제5조의2·제5조의4·제6조·제8조(조세범처벌법 제9조제1항에 규정된 죄 중 조세를 환급받는 경우에 한한다.) 및 제10조의 죄

21. 파산법 제366조·제368조 및 제370조의 죄

22. 폭력행위등처벌에관한법률 제2조 내지 제4조·제5조 제1항 및 제6조[제2조·제3조·제4조 제2항(형법 제136조·제255조·제314조·제315조·제335조·제337조 후단·제340조 제2항 후단 및 제343조의 죄를 제외한다.) 및 제5조제1항의 미수범에 한한다.]의 죄

23. 한국마사회법 제50조·제51조·제53조·제54조·제58조 및 제60조의 죄

[1] 뇌물죄 정리

(1) 뇌물죄의 주체와 직무관련성

뇌물 범죄	주 체	직무관련
단순수뢰죄 (제129조 1항)	공무원 또는 중재인	그 직무에 관하여
사전수뢰죄 (제129조 2항)	공무원 또는 중재인이 될 자	그 담당할 직무에 관하여
제3자 뇌물제공죄 (제130조)	공무원 또는 중재인	그 직무에 관하여
수뢰후부정처사죄 (제131조 1항)	공무원 또는 중재인 [먼저 수뢰＋차후 부정행위]	그 직무에 관하여 (제129조 1항) 그 담당할 직무에 관하여 (제129조 2항) 그 직무에 관하여 (제130조)
부정처사후수뢰죄 (제131조 2항)	공무원 또는 중재인 [먼저 부정행위＋차후 수뢰]	그 직무상 부정행위를 한 후
사후수뢰죄 (제131조 3항)	공무원 또는 중재인이었던 자	그 재직 중 청탁을 받고 부정한 행위를 한 후
알선수뢰죄 (제132조)	공무원	그 지위를 이용하여 다른 공무원의 직무에 속한 사항의 알선에 관하여
단순증뢰죄 (제133조 1항)	일반인(공무원이건 비공무원이건 불문)	직무에 관하여
증뢰물전달죄 (제133조 2항)	일반인(공무원이건 비공무원이건 불문)	증뢰죄에 쓸 목적으로

★ 공무원의 신분 범위에 의제된 자도 포함

(2) 뇌물죄의 구성요건 중 행위

뇌물 범죄	구성요건 중 행위
단순수뢰죄 (제129조 1항)	[그 직무에 관하여] – 뇌물을 수수·요구 또는 약속
사전수뢰죄 (제129조 2항)	[청탁을 받고] – 뇌물을 수수·요구 또는 약속
제3자 뇌물제공죄 (제130조)	[부정한 청탁을 받고 제3자에게] – 뇌물을 공여하거나 공여를 요구·약속
수뢰후부정처사죄 (제131조 1항)	[제129조 1·2항 및 제130조의 행위 후] – 추가로 부정한 행위
부정처사후수뢰죄 (제131조 2항)	[먼저 부정한 행위를 한 후] – 뇌물을 수수·요구 또는 약속, 제3자에게 이를 　공여케 하거나 공여를 요구 또는 약속
사후수뢰죄 (제131조 3항)	[청탁을 받고 부정한 행위를 한 후 – 신분 없는 상태에서] – 뇌물을 수수·요구 또는 약속
알선수뢰죄 (제132조)	[그 지위를 이용·알선하고] – 뇌물을 수수·요구 또는 약속
단순증뢰죄 (제133조 1항)	[그 직무상 관련하여] – 뇌물을 약속·공여 또는 공여의 의사표시
증뢰물전달죄 (제133조 2항)	[증뢰죄에 쓸 목적으로] – 금품을 교부 또는 그 정을 알면서 교부받는 행위

(3) 뇌물죄와 배임수·증죄의 비교

항 목	뇌물죄	배임수 · 증죄
해당조문	형법 제129조 내지 133조 중 제129조 1항(단순수뢰죄) 제133조 1항(단순증뢰죄)	형법 제357조 제1항(배임수재죄) 제357조 제2항(배임증재죄)
의 의	공무원 또는 중재인이 그 직무에 관하여 뇌물을 수수, 요구 또는 약속한 죄(제129조 1항). 제129조 내지 제132조에 기재한 뇌물을 약속, 공여 또는 공여의 의사를 표시한 자의 죄(제133조 1항)	타인의 사무를 처리하는 자가 그 임무에 관하여 부정한 청탁을 받고 재물 또는 재산상의 이익을 취득한 자의 죄(제357조 1항) 제1항의 재물 또는 이익을 공여한 자의 죄(제357조 2항)
행위주체	(1) 공무원 또는 중재인 (2) 공무원으로 의제된 자 (3) 정부관리기업체 등 및 금융기관 등 임원 및 과장급 이상 간부직원 (특가법 및 특경가법)	(1) 공무원 또는 중재인이 아닌 자 (2) 사인(私人), 일반기업체 직원 등 (3) 정부관리기업체 등 및 금융기관 등 임원 및 과장급 미만 직원(특가법 및 특경가법)
공소시효	단순수뢰죄(7년) 단순증뢰죄(7년)	배임수재죄(7년) 배임증재죄(5년)
처 벌	단순수뢰죄: 5년 이하의 징역 또는 10년 이하의 자격정지 단순증뢰죄: 5년 이하의 징역 또는 2천만 원 이하의 벌금	배임수재죄: 5년 이하의 징역 1천만 원 이하의 벌금 배임증재죄: 2년 이하의 징역 500만 원 이하의 벌금
특 징	(1) 몰수·추징(제134조) (2) 예비·음모 및 미수범의 처벌 규정이 없음	(1) 몰수·추징(제357조 3항) (2) 미수범은 처벌하나 예비·음모죄의 처벌 규정은 없음
사 례	[1] 부정한 청탁과 함께 금품을 받았다.[수뢰죄 행위 주체가 공무원(의제된 자 포함) 또는 중재인이라는 신분범의 경우에는 수뢰죄이고, 비신분범의 경우에는 배임수재죄임] ● 공무원이 받은 경우 – 수뢰죄 ● 회사원이 받은 경우 – 배임수재죄 [2] 부정한 청탁과 함께 금품을 주었다(증뢰죄나 배임증재죄의 행위주체가 공무원 또는 중재인이라는 신분범이든 비신분이든 무관하다.). ● 농지개량조합 과장이 준 경우 – 증뢰죄 ● 사립학교 교감이 준 경우 – 배임증재죄	

(4) 알선뇌물죄(형법·특가법·특경가법·변호사법위반)

해당법조문	형법 제132조	특별법				
		특가법 제3조	특·경·법4) 제5조 제1~3항	제5조 제4항	제7조	변호사법 제109조 1호
죄명	알선수뢰죄	특가법 제3조 알선수재죄	특경법 단순수뢰죄, 제3자 뇌물공여죄, 알선수뢰죄	특경법 단순수뢰죄, 제3자 뇌물공여죄, 알선수뢰죄	특경법 제7조 알선수재죄	변호사법위반
의의	공무원이 그 지위를 이용하여 다른 공무원의 직무(직·간접 영향으로)에 속한 사항의 알선에 관하여 뇌물을 수수·요구 또는 약속한 죄	공무원의 직무에 속한 사항의 알선에 관하여 금품이나 이익을 수수·요구 또는 약속한 죄	단순수뢰죄, 제3자 뇌물공여죄, 알선수뢰죄의 의의 참조	단순수뢰죄, 제3자 뇌물공여죄, 알선수뢰죄의 의의 참조	금융기관의 임·직원의 직무에 속한 사항의 알선에 관하여 금품 기타 이익을 수수·요구 또는 약속한 자 또는 제3자에게 이를 공여하게 하거나 공여하게 할 것을 요구 또는 약속한 죄	변호사가 아니면서 금품·향응 기타 이익을 받거나 받을 것을 약속하고 또는 제3자에게 이를 공여하게 하거나 공여하게 할 것을 약속하고 소송사건·비송사건·가사조정 또는 심판사건·행정심판 또는 심사의 청구나 이의신청 기타 행정기관에 대한 불복신청사건, 수사기관에서 취급 중인 조사사건 기타 일반의 법률사건에 관하여 감정·대리·중재·화해·청탁·법률상담 또는 법률관계 문서작성 기타 법률사무를 취급하거나 이러한 행위를 알선한 자의 죄
행위주체	공무원	비공무원	금융기관의 임·직원 중 과장급 이상의 간부직원	금융기관의 임·직원 중 과장급 이상의 간부직원	금융기관의 임·직원 중 과장급 이상의 간부직원	변호사가 아닌 자
처벌	3년 이하의 징역 또는 7년 이하의 자격정지	5년 이하의 징역 또는 1천만 원 이하의 벌금	5년 이하의 징역 또는 10년 이하의 자격정지	1억 이상 ➡ 무기 또는 10년 이상 유기징역 5천만 원 이상 1억 미만 ➡ 7년 이상 유기징역 3천만 원 이상 5천만 원 미만 ➡ 5년이상 유기징역	5년 이하의 징역 또는 5천만 원 이하의 벌금	7년 이하의 징역 또는 5천만 원 이하의 벌금

---

4) 제5조 5항(제1항부터 제4항까지의 경우에 수수액의 2배 이상 5배 이하의 벌금을 병과(倂科)한다.〈改正 2007. 5. 17, 2008. 12. 26〉

해당법 및 조문	형 법	특 별 법			
		특·가·법	특·경·법		변호사법
	제132조	제13, 14, 15조	제5조 제1~3항	제10조	제109조 1호
특징	① 몰수·추징(제134조) ② 예비·음모 및 미수범의 처벌 규정이 없음	① 몰수·추징(제13조) ② 예비·음모 및 미수범의 처벌규정이 없음 ③ 무고죄 처벌(제14조) ④ 특수직무유기죄 처벌(제15조)	뇌물수수액이 3천만원 이상일 때	① 몰수·추징 ② 예비·음모 및 미수범의 처벌 규정이 없음	① 몰수·추징(제116조) ② 예비·음모 및 미수범의 처벌 규정이 없음
경합관계	형법상 알선수뢰죄와 특가법상 알선수재죄가 경합을 할 때는 특별법 우선의 원칙에 따라 특가법이 적용됨		×	×	×
	×	일반인이 공무원의 직무에 속한 사항의 알선·청탁과 관련하여 금품 등을 수수 또는 약속한 때에는 특가법 제3조와 변호사법 제109조 1호의 죄와의 상상적 경합이 되나, 양 죄의 법정형 간에 경중이 없으므로 어느 하나를 선택하여 적용시켜도 무방하다.			

(5) 수뢰액(수수액)에 따른 형법과 특·가·법과의 관계

해당법 및 조문	형 법	특 별 법 (특·가·법)		
	제129조 제1항, 제129조 제2항, 제130조, 제132조.	제2조 1항	제3조	제4조 2항
죄명	단순수뢰죄, 사전수뢰죄 제3자 뇌물공여죄, 알선수뢰죄	특가법 제2조 1항 (뇌물죄 가중처벌) (단순수뢰죄, 사전수뢰죄, 제3자 뇌물공여죄, 알선수뢰죄)	특가법 제3조 (알선수재죄)	뇌물죄의 주체 (뇌물죄 적용대상 확대)
의의	위 4가지에 규정된 죄를 범한 자가 그 수수·요구 또는 약속한 수뢰액이 3천만 원 미만일 때	위 4가지에 규정된 죄를 범한 자가 그 수수·요구 또는 약속한 수뢰액이 [1] 3천만 원 이상~ 5천만 원 미만 ➡ 5년 이상 유기징역 [2] 5천만 원 이상~ 1억 원 미만 ➡ 7년 이상 유기징역 [3] 1억 원 이상 ➡ 무기 또는 10년 이상 유기징역	공무원의 직무에 속한 사항의 알선에 관하여 금품이나 이익을 수수·요구 또는 약속한 일반인을 처벌	정부관리기업체 국가나 지방자치단체의 출자 자본금 1/2 이상이나 출연금·보조금 등이 기업체 기본재산의 1/2 이상인 기업체와 국가 또는 지방자치단체의 중요 사업의 결정 및 임원의 임면 등 운영의 실질적 지배력의 행사자에 속한 기업체 간부직원의 범위 제2조 1호 내지 44호 및 53호는 임원과 과장대리급(과장대리급제가 없는 정부관리기업체에서는 과장급) 이상의 직원, 그 외는 임원(특가법시행령 제3조)
행위 주체	공무원 또는 중재인 (의제된 자 포함)	공무원 또는 중재인 (의제된 자 포함)	비공무원	공무원으로 의제된 자
공소 시효	5년 (5년 이하 징역일 때)	10년(무기 때) 7년(10년 이상 징역일 때)	5년(5년 이하 징역일 때) 3년(1천만 원 이하 벌금일 때)	X
특징	수뢰액이 3천만 원 미만일 때는 형법으로 처벌됨	형법상 뇌물죄에서 수뢰액이 3천만 원 이상 일 경우에 특가법으로 처벌됨	형법상 뇌물죄인 알선수뢰죄(제132조)와 유사하나, 공무원의 직무에 속한 사항을 알선 한 일반인을 특가법으로 처벌한 점	정부관리기업체간부직원의 범위는 임원과 과장대리급(과장급)을 지칭함.

(6) 특·경·가·법(금융기관 임·직원)의 수수액에 따라 가중처벌

<table>
<tr><td colspan="3" align="center">금융기관 임 · 직원의 뇌물죄</td></tr>
<tr><td colspan="2" align="center">임원 또는 과장급 이상 간부직원(공무원 의제)</td><td align="center">과장급 미만 일반직원</td></tr>
<tr><td colspan="2" align="center">[근 거 법]</td><td align="center">[근 거 법]</td></tr>
<tr>
<td align="center">특 · 경 · 가 · 법
제5조 ①②③항
제6조 ①②항
↓</td>
<td align="center">특 · 경 · 가 · 법
제5조 ④항5)
제6조 ①②항
↓</td>
<td align="center">특 · 경 · 가 · 법
제7조
↓</td>
</tr>
<tr>
<td align="center">* 수수액이 3천만 원 미만일 때</td>
<td align="center">* 수수액이 3천만 원 이상일 때</td>
<td rowspan="2">알선수재죄(제132조)
➡ 5년 이하의 징역 또는
5천만 원 이하의 벌금

제3자알선공여죄(제130조)
➡ 5년 이하의 징역 또는
5천만 원 이하의 벌금</td>
</tr>
<tr>
<td align="center">특경가법 적용</td>
<td align="center">특경가법 적용</td>
</tr>
<tr>
<td align="center">[1] 단순수재죄
(제129조 1항)
➡ 5년 이하의 징역
또는 10년 이하의
자격정지

[2] 제3자 재물공여죄
(제130조)
➡ 5년 이하의 징역
또는 10년 이하의
자격정지

[3] 알선수재죄(제132조)
➡ 5년 이하의 징역
또는 10년 이하의
자격정지</td>
<td align="center">형법 제129조 1항,
제130조, 제132조의
범죄 때 가중 처벌

[1호] 1억 원 이상
➡ 무기 또는 10년
이상 유기 징역

[2호] 5천만 원 이상
1억 원 미만
➡ 7년 이상
유기 징역

수수액이,
[3호] 3천만 원 이상
5천만 원 미만
➡ 5년 이상
유기징역</td>
<td>[특경가법 제7조]: 금융기관의 임 · 직원의 직무에 속한 사항의 알선에 관하여 금품 기타 이익을 수수 · 요구 또는 약속한 자[알선수재죄(전단)]➡ 일반인이 금융기관 임 · 직원의 직무에 관해 알선한 경우라 할 수 있다.

또는 제3자에게 이를 공여하게 하거나 공여하게 할 것을 요구 또는 약속한 자의 죄[제3자알선공여죄(후단)]</td>
</tr>
<tr>
<td align="center">〈증재 등 죄〉</td>
<td align="center">〈증재 등 죄〉</td>
<td rowspan="3">* 금융기관 임 · 직원 중 과장급 미만 일반직원은 형법 제357조의 배임수증죄로 처벌되고 있다.

* 배임죄(형법 제355 ②항, 제356조 ②항, 제357조)가 있으나, 성격상 제357조(배임수증죄)는 제3항에서 몰수와 추징의 규정을 두었으므로 뇌물죄로 봐야 한다.</td>
</tr>
<tr>
<td align="center">[1] 단순증재죄
➡ 5년 이하의 징역 또는
3천만 원 이하의 벌금</td>
<td align="center">[1] 단순증재죄
➡ 5년 이하의 징역 또는
3천만 원 이하의 벌금</td>
</tr>
<tr>
<td align="center">[2] 증재물전달죄
➡ 5년 이하의 징역 또는
3천만 원 이하의 벌금</td>
<td align="center">[2] 증재물전달죄
➡ 5년 이하의 징역 또는
3천만 원 이하의 벌금</td>
</tr>
</table>

---

5) 제1항부터 제4항까지의 경우에 수수액의 2배 이상 5배 이하의 벌금을 병과 한다.(제5조 5항).
〈改正 2007. 5. 17, 2008. 12. 26〉

(7) 수뢰액에 따라 형법·특가법·특경가법의 형량

죄 명	조 항	(수수액)	형 량
형법	단순수뢰죄(제129조 1항) 사전수뢰죄(제129조 2항) 제3자 뇌물공여죄(제130조) 수뢰후부정처사죄(제131조 1항) 부정처사후수뢰죄(제131조 2항) 사후수뢰죄(제131조 3항) 알선수뢰죄(제132조) 단순증뢰죄(제133조 1항) 증뢰물전달죄(제133조 2항)	3천만 원 미만 " " " " " " " "	5년 이하의 징역 또는 10년 이하의 자격정지 3년 이하의 징역 또는 7년 이하의 자격정지 5년 이하의 징역 또는 10년 이하의 자격정지 1년 이상의 유기징역에 10년 이하의 자격정지 병과가능 1년 이상의 유기징역에 10년 이하의 자격정지 병과가능 5년 이하의 징역 또는 10년 이하의 자격정지 병과가능 3년 이하의 징역 또는 7년 이하의 자격정지 5년 이하의 징역 또는 2천만 원 이하의 벌금 5년 이하의 징역 또는 2천만 원 이하의 벌금
형법과 특별법과의 비교			
형법	단순수뢰죄(제129조 1항) 사전수뢰죄(제129조 2항) 제3자 뇌물공여죄(제130조) 알선수뢰죄(제132조) 〈특가법에 해당된 조문〉	3천만 원 미만 " " "	5년 이하의 징역 또는 10년 이하의 자격정지 3년 이하의 징역 또는 7년 이하의 자격정지 5년 이하의 징역 또는 10년 이하의 자격정지 3년 이하의 징역 또는 7년 이하의 자격정지
특가법	(특가법 제2조 1항) 단순수뢰죄(제129조 1항) 사전수뢰죄(제129조 2항) 제3자 뇌물공여죄(제130조) 알선수뢰죄(제132조)	3천만 원 이상~ 5천만 원 미만 5천만 원 이상~ 1억 미만 1억 이상~	5년 이상 유기징역 7년 이상 유기징역 무기 또는 10년 이상의 유기징역
특경가법 *금융기관임원또는과급이상일때 (공무원의제)	(특경가법 제5조 4항) 단순수재죄(제129조 1항) 제3자 재물공여죄(제130조) 알선수재죄(제132조)	3천만 원 이상~ 5천만 원 미만 5천만 원 이상~ 1억 미만 1억 이상~	5년 이상 유기징역 7년 이상 유기징역 무기 또는 10년 이상 유기징역
	(특경가법 제6조) 특경가법 제5조의 죄에서 증재죄(특경가법 제6조 1항) 증재물전달죄(특경가법 제6조 2항)		5년 이하의 징역 또는 3천만 원 이하의 벌금 5년 이하의 징역 또는 3천만 원 이하의 벌금

죄　　명	조　　항	수재액 (수수액)	형　　량
배임수재죄(비공무원)			
형법	배임수재죄 (제357조 1항)	1천만 원 이하	5년 이하의 징역 또는 1천만 원 이하의 벌금
특경가법 ＊금융기관 임원　또는 과장급 미만 일 때 (일반인 취급)	배임수재죄 (특경가법 제5조)	3천만 원 미만	
	배임수재죄(제5조 1항)	"	5년 이상 유기징역 또는 10년 이하의 자격정지
	제3자배임공여죄(제5조 2항)	"	5년 이상 유기징역 또는 10년 이하의 자격정지
	배임알선죄(제5조 3항)	"	5년 이상 유기징역 또는 10년 이하의 자격정지
알선죄(공무원 및 의제된 자 또는 일반인)			
형법	알선수뢰죄(형법 제132조)	1천만 원 미만	3년 이하의 징역 또는 7년 이하의 자격정지
특가법	알선수재죄(특가법 제3조)	1천만 원 이하	5년 이하의 징역 또는 1천만 원 이하의 벌금
특경가법	제7조	알선수재죄 제3자알선공여죄 (금융기관 임직원 공무원 의제)	3천만 원 미만	5년 이하의 징역 또는 5천만 원 이하의 벌금 5년 이하의 징역 또는 5천만 원 이하의 벌금
	제8조	사금융알선 등의 죄 (금융기관 임직원 공무원 의제)	7천만 원 미만	7년 이하의 징역 또는 7천만 원 이하의 벌금
	제9조	저축관련부당행위의 죄 배임수재 및 제3자 배임공여 등 죄(제9조 1항) 배임수재 및 제3자 알선배임 공여 등 죄(제9조 2항)	5천만 원 미만	5년 이하의 징역 또는 5천만 원 이하의 벌금 5년 이하의 징역 또는 5천만 원 이하의 벌금
		증뢰 등 죄(제9조 3항) (금융기관 임직원 공무원 의제)	×	5년 이하의 징역 또는 5천만 원 이하의 벌금
		제9조 1항, 2항, 3항의 경우	×	징역과 벌금을 병과 가능
		제9조 5항 (금융기관 임직원 공무원 의제)	×	제3항(증뢰죄)의 처벌 때 양벌 적용 (금융기관＋임·직원)
	제10조	제5, 6, 7조 및 제9조 1항, 3항의 경우	×	몰수, 추징
변호사 법위반	변호사법위반 (제109조 1호)	×	7년 이하의 징역 또는 5천만 원 이하의 벌금

(8) 공소시효기간·형의 시효·형의 실효·복권·사면

공소시효기간	형사소송법 제249조 제1 · 2항 [개정 2007. 12. 21]	공 소 시 효 기간
* 공소시효는 다음 기간의 경과로 완성한다. * 공소가 제기된 범죄는 판결의 확정이 없이 공소를 제기한 때로부터 25년을 경과하면 공소시효가 완성된 것으로 간주한다.		
1. 사형에 해당하는 범죄는	⟹	25년
2. 무기징역 또는 무기금고에 해당하는 범죄는	⟹	15년
3. 장기 10년 이상의 징역 또는 금고에 해당하는 범죄는	⟹	10년
4. 장기 10년 미만의 징역 또는 금고에 해당하는 범죄는	⟹	7년
5. 장기 5년 미만의 징역 또는 금고. 장기 10년 이상의 자격정지 또는 벌금에 해당범죄	⟹	5년
6. 장기 5년 이상의 자격정지에 해당하는 범죄는	⟹	3년
7. 장기 5년 미만의 자격정지. 구류 · 과료 · 또는 몰수에 해당하는 범죄는	⟹	1년

형의 시효	형법 제78조	형 의 시 효 기간
* 형을 선고하는 재판이 확정된 후 그 집행을 받음이 없이 다음 기간을 경과함으로 인하여 완성된다. * 시효의 초일(형의 집행과 시효기간의 초일은 시간을 계산함이 없이 1일로 산정한다.)은 판결이 확정된 날로부터 진행하고, 시효의 종일은 그 말일 오후 12시에 종료된다. * 시효는 형의 집행의 유예나 정지 또는 가석방 기타 집행할 수 없는 기간은 진행되지 아니한다. * 시효의 중단은 사형 · 징역 · 금고 · 구류는 수형자를 체포할 때. 벌금 · 과료 · 몰수 · 추징은 강제처분을 개시할 때 중단된다.		
1. 사형은	⟹	30년
2. 무기 징역 또는 무기 금고는	⟹	20년
3. 10년 이상의 징역 또는 금고는	⟹	15년
4. 3년 이상의 징역이나 금고 또는 10년 이상의 자격정지는	⟹	10년
5. 3년 미만의 징역이나 금고 또는 5년 이상의 자격정지는	⟹	5년
6. 5년 미만의 자격정지. 벌금, 몰수 또는 추징은	⟹	3년
7. 구류 또는 과료는	⟹	1년

형의 실효	형법 제81조	
* 의의: 징역 • 금고의 집행을 종료하거나 집행이 면제된 자가 피해자의 손해를 보상하고 자격정지 이상의 형을 받음이 없이 7년을 경과한 때		본인 또는 검사의 신청에 의하여 재판의 실효를 할 수 있다
* 취지: 형이 소멸되더라도 형선고의 법률상 효과가 소멸하는 것이 아니어서 전과사실은 그대로 남게 되므로 전과사실을 말소시켜서 수형자의 사회복귀를 용이하게 하는 제도이다.		전과 사실 말소
* 재판상 실효: 형법 제81조의 규정에 의하여 법원이 실효를 선고함. * 당연 실효: "형의실효등에관한법률"에서 형의 집행을 종료 또는 면제받은 후 일정기간동안 자격정지 이상의 죄를 범하지 않은 경우에는 자동적으로 형을 실효시키는 제도. 그 기간은 3년을 초과하는 징역 또는 금고는 10년, 3년 이하의 징역 또는 금고는 5년, 벌금은 2년이다. 다만 구류나 과료는 형의 집행을 종료하거나 그 집행이 면제된 때에 그 즉시 실효됨(신청절차를 알지 못한 자를 위한 법률)		법적 효과로는 장래에 향하여 소멸하고, 전과사실이 말소되어 실형 전과에 해당되지 않는다.

복권	형법 제82조	
* 자격정지의 선고를 받은 자가 피해자의 손해를 보상하고 자격정지 이상의 형을 받음이 없이 정지기간의 1/2를 경과한 때		본인 또는 검사의 신청에 의하여 자격의 회복을 선고 가능
* 복권으로 상실 및 정지된 자격이 회복되나, 기 선고된 형은 소멸되지 않는다. 따라서 전과사실은 누범가중의 사유에 해당된다.		

사면	사면법 제3, 제5조, 제8조 제9조.	
1. 일반사면은……	− 죄를 범한 자가 해당	
2. 특별사면과 감형은……	− 형의 언도를 받은 자가 해당	
3. 복권은……	− 형의 언도로 인하여 법령의 정한 바에 의한 자격이 상실 또는 정지된 자가 해당(형의 집행을 종료하지 않은 자 또는 집행의 면제를 받지 않은 자에 대해서는 행하지 않는다.)	
1. 일반사면은…… (대통령령으로)	− 특별규정의 예외를 제외하고, 형의 언도의 효력 상실 및 공소권 상실(형의 언도를 받지 않은 자가 해당)	
2. 특별사면은(대통령이)	− 형의 집행 면제(형의 집행유예를 언도받은 자에 대해서는 형의 언도의 효력을 상실케 한다. 형을 변경하는 감형 또는 그 유예기간을 단축할 수 있다. 단, 특별한 사정이 있을 때는 이후 형의 언도의 효력 상실)	
3. 감형…… − (일반인의 경우)	− 형 변경(특별 규정이 없는 경우)	
− (특별한 자, 대통령이).	− 형 집행 경감, 특별한 사정이 있는 때는 형 변경	
4. 복권은(대통령이)……	− 형의 언도로 상실 또는 정지된 자격 회복(형의 언도에 의한 기성의 효과는 사면, 감형과 복권으로 인하여 변경되지 않는다.)	

(9) 교원 금품·향응수수 관련 처리기준

처리 기준 배경	국가청렴위원회가 교육인적자원부에 통보한 "교육 분야 불법찬조금 근절을 위한 제도 개선방안"권고('05. 12) 및 "2006년도 반부패 청렴 대책 추진 지침"('06. 2. 22)에 따 라 전국 시, 도교육청 회의결과로 법원 공무원 기준과 유사하게 마련한 것임.						
비위유형	금액 및 수수 행위	10만 원 미만	10만 원 이상 100만 원 미만	100만 원 이상 300만 원 미만	300만 원 이상 500만 원 미만	500만 원 이상1,000 만 원 미만	1,000만 원 이상
의례적인 금품·향 응수수의 경우	수동	경고·견책	견책·감봉	감봉	정직	해임	파면
	능동	견책·감봉	감봉·정직	정직	정직· 해임	해임· 파면	파면
직무와 관 련하여 금 품·향응 수수하고, 위법·부 당한 처분 을 하지 않 은 경우	수동	견책·감봉	감봉·정직	정직	해임	파면	
	능동	감봉·정직	정직·해임	해임	해임· 파면	파면	
직무와 관 련하여 금 품·향응 수수하고, 위법·부 당한 처분 을 한 경우	수동	감봉·정직	정직·해임	해임	파면		
	능동	정직·해임	해임·파면	파면			
징계벌 (국가공무원 법 제79조 및 80조)	경고: 전과(前過)에 대하여 훈계하고 회개하게 한다('주의'와 '경고'는 인사상 　　　별도로 불이익이 없지만, '견책' 이상은 경력표에 따라 다니며 계속 인사상 　　　불이익을 당하게 됨) 견책: 전과(前過)에 대하여 훈계하고 회개하게 한다. 감봉: 1개월 이상 3개월 이하의 기간 보수의 3분의 1을 감한다. 정직: 1개월 이상 3개월 이하의 기간으로 하고, 그 기간 중 공무원의 신분은 　　　보유하나 직무에 종사하지 못하며, 보수의 3분의 2를 감한다. 강등: 1계급 아래로 직급을 내리고 공무원 신분은 보유하나, 3개월간 직무에 종사치 못 　　　하며, 그 기간 중 보수의 3분의 2를 감한다. 해임: 3년간 임용 결격 사유, 임명권자에 의해 그 직위에서 물러남, 공무원 　　　연금법 제64조 및 시행령 제55조에 따라 퇴직금의 감액 처분. 파면: 5년간 임용 결격 사유, 군인(사병은 제외)의 경우 징계절차를 거쳐 　　　관직 박탈, 국가공무원 및 지방공무원은 면직됨, 공무원 연금법 제64조 　　　및 시행령 제55조에 따라 퇴직금의 감액 처분.						

(10) 『8대 범죄 형량 선고 기준(판사의 형량 재량 배제)』

<table>
<tr><td colspan="2">범죄</td><td>감경
(減輕)</td><td>기본</td><td>가중
(加重)</td></tr>
<tr><td rowspan="10">뇌
물
죄</td><td rowspan="6">뇌
물
수
수</td></tr>
<tr><td>(1) 1,000만 원 미만</td><td>~6개월</td><td>4개월~1년</td><td>8개월~2년</td></tr>
<tr><td>(2) 1,000만 원 이상~3,000만 원 미만</td><td>8개월~2년</td><td>1~3년</td><td>2~4년</td></tr>
<tr><td>(3) 3,000만 원 이상~5,000만 원 미만</td><td>2년 6개월~
4년</td><td>3~5년</td><td>4~6년</td></tr>
<tr><td>(4) 5,000만 원 이상~1억 원 미만</td><td>3년 6개월~
6년</td><td>5~7년</td><td>6~8년</td></tr>
<tr><td>(5) 1억 원 이상~5억 원 미만</td><td>5~8년</td><td>7~10년</td><td>9~12년</td></tr>
<tr><td>(6) 5억 원 이상</td><td>7~10년</td><td>9~12년</td><td>11년 이상
무기</td></tr>
<tr><td rowspan="4">뇌
물
공
여</td><td>제1유형(3천만 원 미만)</td><td>~6개월</td><td>4개월~10월</td><td>6개월~
1년 6개월</td></tr>
<tr><td>제2유형(3천만 원 이상. 5천만 원 미만)</td><td>6개월~1년</td><td>10개월~
1년 6개월</td><td>1년~3년</td></tr>
<tr><td>제3유형(5천만 원 이상. 1억 원 미만)</td><td>1년~2년</td><td>1년 6개월~
2년 6개월</td><td>2년~4년</td></tr>
<tr><td>제4유형(1억 원 이상)</td><td>2년~3년</td><td>2년 6개월~
3년 6개월</td><td>3년~5년</td></tr>
<tr><td colspan="5">■감경요소: 공범으로 소극적 가담한 때. 수사 전 뇌물을 반환한 때는 형을 감경한다.
■가중요소: 2년 이상 장기간 뇌물을 받았을 때. 3급 이상의 고위공무원일 때는 집행유예 선고를 할 수 없다.
■원칙: 5,000만 원 이상일 때는 실형을 선고한다.
■집행유예: 징역 3년 이하에 대해서만 선고할 수 있다.</td></tr>
<tr><td rowspan="3">살
인
죄</td><td>제1유형(피해자 유발 살인 등)</td><td>3~5년</td><td>4~6년</td><td>5~7년</td></tr>
<tr><td>제2유형(일반 살인범죄)</td><td>6~9년</td><td>8~11년</td><td>10~13년</td></tr>
<tr><td>제3유형
(사이코패스의 묻지 마 살인. 청부살인 등)</td><td>8~11년</td><td>10~13년</td><td>12~15년 이상
무기징역</td></tr>
</table>

범죄			감경 (減輕)	기본	가중 (加重)
성 범 죄	13세 이상강간	일반 강간	1년 6개월~3년	2년 6개월~ 4년 6개월	3~6년
		특수강간(주거침입 등 강간)	3~5년	4~6년	5~8년
		강도강간	5~8년	7~10년	9~13년
	13세 미만 자	강제추행 등 의제강간	1~3년	2~4년	3~6년
		강제유사 성교	3~5년	4~6년	5~8년
		강간	4~6년	5~7년	6~9년
	13세 이상자	일반강제추행	~1년	6개월~2년	1년 6개월~3년
		주거침입 등 강제추행. 특수강제추행	1년 6개월~3년	2년~4년	3년~6년
		특수강도강제추행	5년~7년	6년~9년	7년~11년
강도죄		일반강도	1년 6개월~3년	2~4년	3~6년
		특수강도	2년 6개월~4년	3~6년	5~8년
	강도 상해	제1유형(일반강도 치상)	2년~4년	3~7년	5년~8년
		제2유형(특수강도 치상)	3~6년	4~7년	6년~10년
	강도 사망	제1유형(강도 치사)	6년~9년	8~11년	10년~15년
		제2유형(강도 살인)	11년~13년	12~15년	무기 이상
		상습 강도, 누범	5~8년	6~10년	8년~12년
횡령 · 배임죄		제1유형(1억 원 미만)	~10개월	4개월~ 1년 4개월	10개월~ 2년 6개월
		제2유형(1억 원 이상. 5억 원 미만)	6개월~2년	1년~3년	2년~5년
		제3유형(5억 원 이상. 50억 원 미만)	1년 6개월~3년	2년~5년	3년~6년
		제4유형(50억 원 이상. 300억 원 미만)	2년 6개월~5년	4년~7년	5년~8년
		제5유형(300억 원 이상)	4년~7년	5년~8년	7년~11년
		■횡령. 배임액이 300억 원 이상일 때는 감경사유 유무와는 상관없이 집행유예를 선고할 수 없다. ■범죄수익을 의도적으로 은닉한 경우. 피해자가 대량으로 발생한 경우. 지배권 강화 등을 이유로 범행을 저질렀을 때도 집행유예를 선고할 수 없다.			
위증죄		제1유형(위증)	~10개월	6개월~1년 6개월	10개월~3년
		제2유형(모해위증)	6개월~1년 6개월	10개월~2년	1년 6개월~4년
무고죄		제1유형(일반무고)	~1년	6개월~2년	1년~4년
		제2유형(특가법상 무고)	1년~3년	2년~4년	3년~6년

※ 빠르면 2009년 7월부터 공소가 제기되는 사건부터 적용된다(대법원 양형위원회).

(11) 『특별법 개정안』

[현행]: 형법상 뇌물죄에서 뇌물수수액이 3,000만 원 이상일 때 특가법이 적용

[1] 특정범죄가중처벌법: 주체가 공무원

[2] 특정경제범죄가중처벌법: 주체가 금융기관 임직원

　* 특가법과 특경법이 동일하게 뇌물수수액에 따라 처벌:

- 3천만 원 이상 5천만 원 미만⇒5년 이상 유기징역

- 5천만 원 이상 1억 원 미만⇒7년 이상 유기징역

- 1억 이상⇒무기 또는 10년 이상 유기징역

[개정안]: 특가법(제2조)과 특경법(제5조)

- 3천만 원 이상 5천만 원 미만⇒5년 이상 유기징역 및 수뢰액(수수액)의 2배 이상~5배 이하 벌금 병과함.

- 5천만 원 이상 1억 원 미만⇒7년 이상 유기징역 및 수뢰액(수수액)의 2배 이상~5배 이하 벌금 병과함.

- 1억 이상⇒무기 또는 10년 이상 유기징역 및 수뢰액(수수액)의 2배 이상~5배 이하 벌금 병과함.

형법(제129조, 제130조 또는 제132조)에 규정된 죄를 범한 자가 수뢰액(수수액)의 3,000만 원 미만일 때도 2배 이상~5배 이하의 벌금을 병과

[차이점]:

- 현행 특가법으로 처벌될 때, 뇌물 액수만큼만 추징을 해 왔으나 추징금을 내지 않아도 강제할 수단이 적당치 않았다.

- 그러나 개정법안에서는 벌금형이 추가로 가해지기 때문에 추징금의 부과 대신 벌금형으로 선고되면, 노역장에 유치해 강제 노역을 시킬 수 있고, 뇌물수수액의 2배 이상~5배 이하까지 벌금이 가해지기 때문에 형량이 매우 무겁게 되어 현행법과 큰 차이점이 있다.

(12) 『교육공무원법과 징계벌 개정』

(교육과학기술부의 2월 본법 개정, 징계벌 5월 18일 개정예고)

◈ 교육공무원법 제10조의 3(채용의 제한, 재임용 제한)

① 이 법에 따른 교원 또는 「사립학교법」에 따른 사립학교 교원으로 재직 중 다음 각 호의 어느 하나에 해당하는 사유로 파면·해임된 자는 고등학교 이하 각급 학교의 교원으로 신규채용 또는 특별 채용할 수 없다. 다만, 제50조 제1항에 따른 교육공무원징계위원회에서 해당 교원의 반성 정도 등을 고려하여 교원으로서 직무를 수행할 수 있다고 의결한 경우에는 그러하지 아니하다.

1. 미성년자에 대한 「성폭력범죄의 처벌 및 피해자보호 등에

관한 법률」 제2조에 따른 성폭력범죄 행위

2. 금품수수 행위

3. 시험문제 유출 및 성적조작 등 학생성적 관련 비위 행위

4. 학생에 대한 신체적 폭력 행위

② 제1항 단서에 따른 교육공무원징계위원회의 의결은 재적위원 3분의 2 이상의 출석과 출석위원 과반수의 찬성으로 한다. [본조신설 2008. 3. 14]

◈ 징계벌: 교원의 금품수수 등 비위가 3회 이상(3진 아웃제)⇒동일 근무 배제

• 금품수수 및 공금횡령에 대한 처벌기준 강화⇒종전 300만 원 이상 금품수수 때 파면이었던 것을 100만 원 이상으로 낮추고, 징계시효도 현행 3년에서 5년으로 연장함

◈ 내부공익신고보상금지급규정⇒3,000만 원까지 포상

• 학교급식운영과 학원지도 · 점검, 학교발전기금운영 등 시도교육청의 업무와 관련된 청렴도 상태를 신고한 자

(13) 행정안전부 입법안

(공직자 금품비리 처벌 강화 대책)

가. 공직자 비리처벌 강화대책(징계시효 확대 및 연장 등)

● 금품수수 비리 등(금품 · 향응수수, 공금유용 · 횡령 등)

징계시효를 현행 3년→5년으로 연장

● 금품수수 비리 등(금품·향응수수, 공금유용·횡령 등)

→ 징계자의 승진·승급 제한 확대

● 금품수수 비리 징계자에 대한 징계양정(필요적 징계 요구)

→ 1단계 상향 적용

● 비리처벌 강화를 위한

→ '강등'제도(1계급 강등＋정직 3월) 도입

● 경미한 비위라도「공익봉사명령제」도입하여

→「자숙기회」부여

● 열심히 일하다 발생한 실수에 대한

→「관용조치」강화

● 복무기강에 대한 단계적 교육으로

→ 공직비리의 사전 예방

나. 금품수수 등으로 징계처분을 당한 자에 대한 승진, 승급 제한 확
대 조치안

국가공무원법 제79조				
적용 대상		지방공무원, 교육공무원, 경찰공무원, 군인		
징계 종류(5종류)	징계 성격	현 행	개 선	연장기간
① 파면	배제 (중징계)			
② 해임				
강등	해임과 정 직의 중간	X	1계급 강등과 함께 정직 3개월 처분	신설
③ 정직	교정 (경징계)	1개월~3개월: 처분기간 + 18개월	1개월~3개월: 처분기간 + 21개월	3개월
④ 감봉		1개월~3개월: 처분기간 + 12개월	1개월~3개월: 처분기간 + 15개월	3개월
⑤ 견책		6개월	9개월	3개월

해임과 정직의 효력	
해 임	정 직
• 공무원 관계에서 배제 • 3년간 공직 재임용 불가	- 처분기간(1~3개월) + 18개월 동안 • 보수 2/3 감액　• 보수 - 승급, 각종 수당지급 제한 　　　　　　　　• 신분 - 승진, 경력평정 제외 등

신 설		
제 도	목 적	효 과
●공익봉사명령제 도입	경미한 비리에 대한 공직자 징계	비리 공직자의 자숙기회 부여
●관용조치 강화	국익을 위해 성실하고 적극적인 업무수 행 중 실수유발	공직사회의 열심히 일하는 분 위기 조성
●공직기강관련 　교육 강화	공직비리 사전예방	신규공무원 기강확립

(14) 광주시지방공무원징계양정에 관한 규칙

징 계 사 유	징 계 기 준					비고
	파면	해임이상	정직이상	감봉이상	견책이상	
1. 금품·향응수수						
가. 의례적인 금품·향응수수						
1) 100만 원 미만					○	
2) 100만 원 이상 300만 원 미만				○		
3) 300만 원 이상 500만 원 미만			○			
4) 500만 원 이상 1,000만 원 미만		○				
5) 1,000만 원 이상	○					능동적으로 수수한 경우 1단계 위로 징계
나. 직무와 관련하여 금품·향응을 수수하고 위법·부당한 처분을 하지 아니한 경우						
1) 100만 원 미만				○		
2) 100만 원 이상 300만 원 미만			○			
3) 300만 원 이상 500만 원 미만		○				
4) 500만 원 이상	○					
다. 직무와 관련하여 금품·향응을 수수하고 위법·부당한 처분을 한 경우						
1) 100만 원 미만			○			
2) 100만 원 이상 300만 원 미만		○				
3) 300만 원 이상	○					

징 계 사 유		파면	해임이상	정직이상	감봉이상	견책이상	비고
2. 음주운전							
1) 면허정지(0.05%~0.10% 미만) (1회)						○	
2) 면허정지(0.05%~0.10% 미만) (2회)					○		
3) 면허정지(0.05%~0.10% 미만) (3회)							횟수 산정에 포함되는 음주운전 적발의 경과기간에 따라 가감(무면허일 경우에는 1단계 위로 징계)
4) 면허취소(0.10% 이상) (1회)					○		
5) 면허취소(0.10% 이상) (2회)				○			
6) 면허취소(0.10% 이상) (3회)			○				
7) 정당한 사유 없이 음주측정 거부					○		
8) 운전직 공무원의 면허정지(1회)				○			
9) 운전직 공무원의 면허정지(2회)			○				
10) 음주운전 교통사고 (음주 정도에 따라 가감)	인적 피해 발생			○			
	물적 피해 발생				○		
11) 음주운전 교통사고 (음주 정도에 따라 가감)	인적 피해 발생		○				
	물적 피해 발생				○		

[2] 뇌물죄에서의 공무원 의제

　공무원의 의제(擬制: 본질은 동일하지 않으나 법률상 같게 취급하여 동일한 효과를 주는 것으로, 예컨대, 민법상 실종 선고자는 사망자로 본다.)란 공무원은 아니지만 뇌물죄(형법 제129조 내지 제132조)의 벌칙적용에 있어서 공무원으로 의제가 되는 경우를 말한다. 이러한 예(例)로는 행정일반편, 지방제도편, 재경일반편, 통화·금융편, 교육편, 문화·체육편, 과학·공보편, 보건복지편, 환경편, 노동편, 농림·해양수산편, 통상산업편, 건설편, 교통편, 정보통신편, 특가법, 특경가법 등 17개 분야로 고찰(考察)하면 다음과 같다.

　행정일반편(行政一般編)에는 ① 공공기관의 개인정보보호에 관한 법률 제25조에 있어서 이 법에 의한 개인정보의 보유기관 및 개인정보를 위탁받아 처리하는 기관의 종사자 중 공무원이 아닌 자, ② 재외동포재단법 제27조에 있어서 재단의 임원 및 직원.

　지방제도편(地方制度編)에는 ① 지방공기업법 제83조에서 공사와 공단의 임원 및 직원이다.

　재경일반편(財經一般編)에는 ① 정부투자기관관리기본법 제18조의 투자기관의 임원 및 대통령령이 정하는 직원, ② 물가안정에 관한 법률 제22조에서 위원회의 위원 중 공무원이 아닌 위원, ③ 유통산업발전법 제57조의 2에서 산업자원부장관이 제57조 제3항의 규정에 의하여 위탁한 업무에 종사하는 대한상공회의소의 임원 및 직원, ④ 소비자보호법 제50조에서 한국소비자보호원의 임원, 조정위원회 위원 및 대통령령이 정하는 직원, ⑤ 인삼산업법 제30조의 2에 있어서 제9조의 규정에 의한 연근(蓮根)확인 업무에 종사하는 조합의 임·직원과 제17조 제1항·제3항의 규정에 의하여 검사업무에 종사하는 인삼류검사기관 및 인삼종자·종묘검사기관의 임·직원이다.

통화·금융편(通貨金融編)에는 ① 예금자보호법 제42조의 제1항 공사의 임·직원 및 제20조(업무의 대행)의 규정에 의한 대행기관의 임원·직원과 제2항(직원의 범위는 대통령령으로 정한다.), ② 금융기관부실자산 등의 효율적 처리 및 성업공사의 설립에 관한 법률 제50조의 제15조 제1항 제3호(금융감독위원회가 금융감독원 집행간부 중에서 지정하는 자 1인)·제4호(예금 보험공사 사장이 지명하는 임원 1인)·제5호(한국산업은행 부총재)·제6호(사단법인 전국은행 연합회 부회장)·제7호(사단법인 전국은행연합회 회장이 소속금융기관 부기관장 중에서 추천하는 자 3인)·제8호(금융산업 및 기업경영 분야에 관한 경험과 지식이 풍부한 자로서 변호사·공인회계사 또는 세무사·대학의 교수 또는 연구기관에 소속된 박사학위 소지자에 해당하는 자 중 공사 사장의 추천에 의하여 금융감독위원회가 위촉하는 자 각 1인), ③ 신기술사업금융지원에 관한 법률 제25조의 기금의 임원

교육편(敎育編)에는 한국교육학술정보원법 제22조에서 교육정보원의 임원 및 직원이다.

문화·체육편(文化體育編)에는 ① 공연법 제25조의 7에 있어서 제25조의 6의 규정에 의하여 위탁한 사무에 종사하는 협의회의 위원 또는 직원, ② 음반 및 비디오물에 관한 법률 제30조의 문화체육부장관이 제24조의 규정에 의하여 위탁한 사무에 종사하는 한국공연예술진흥협의회 또는 협회의 임원 및 직원, ③ 청소년보호법 제48조 제1항에서 청소년보호위원회의 사무에 종사하는 공무원이 아닌 위원 또는 직원과 제2항에서 제46조의 규정에 의하여 위탁한

사무 중 심의업무에 종사하는 한국간행물윤리위원회 또는 법인·단체의 위원, 임원, 직원은 형법상 및 특정범죄가중처벌 등에 관한 법률 제2조의 적용에서 공무원으로 본다.

과학·공보편(科學公報編)에는 ① 정부출연연구기관(政府出捐研究機關) 등의 설립·운영 및 육성에 관한 법률 제33조의 연구기관 및 연구회의 임원 및 대통령령이 정하는 직원(연구기관 및 연구회의 연구원 및 과장급 이상의 직원), ② 엔지니어링기술진흥법 제28조의 제26조의 규정에 의하여 위탁을 받아 업무에 종사하는 협회 또는 조합의 임·직원, ③ 기상업무법 제38조의 제24조의 규정에 의한 기상 등의 정보제공업무에 종사하는 법인의 임원 및 직원이다.

보건복지편(保健福祉編)에는 사회복지사업법 제57조의 제12조 제1항 또는 제52조 제2항의 규정에 의하여 위탁받은 업무를 수행하는 사회복지관련기관·단체의 임·직원이다.

환경편(環境編)에는 ① 환경친화적 산업구조로의전환촉진에 관한 법률 제31조의 인증기관·연수기관 또는 심사원인인증기관에 종사하는 단체의 임원 및 직원, ② 환경기술개발에 관한 법률 제19조의 2에 있어서 제19조 제2항의 규정에 의하여 환경부장관의 권한을 위탁받은 환경관리공단, 환경관계기관·단체 또는 관계중앙행정기관의 장이 지정하는 기관·단체의 임원 및 직원은 위탁받은 권한에 관하여, ③ 해양오염방지법 제78조의 제28조 제1항의 규정에 의하여 지정된 검사대행자와 제64조 제6항의 규정에 의하여 지정된 성능시험·검정 및 인정대행자의 임원 및 직원은 제24조의 규정에 의한 해양오염방지설비 등의 검사와 제64조 제4항·제5항의 규정에 의한 설비·자료 또는 약제의 검정 및 인정에 관하여,

④ 환경관리공단법 제12조의 공단의 임원 및 직원, ⑤ 환경분쟁조정법 제14조에서 위원회의 위원 중 공무원이 아닌 위원과 관계전문가, ⑥ 한국자원재생공사법 제15조에서 공사의 임원 및 직원

　노동편(勞動編)에는 ① 장애인고용촉진 등에 관한 법률 제65조에 있어서 제61조의 규정에 의하여 이 법의 업무를 위탁받아 행하는 공단의 임원 및 직원, ② 한국산업인력공단법 제29조에 있어서 공단의 임원 및 직원, ③ 산업재해보상보험법 제27조에서 공단의 임원 및 직원이다.

　농림 · 해양수산편(農林海洋水産編)에는 ① 사료관리법 제34조의 사료검정기관 또는 농림부장관이 제25조의 규정에 의하여 위탁한 업무에 종사하는 법인의 임원 및 직원, ② 어항법 제38조의 2에 있어서 해양수산부장관이 제35조 제3항의 규정에 의하여 위탁한 사무에 종사하는 제38조의 규정에 의한 어항협회 또는 수산업협동조합법 제2조의 규정에 의한 수산업협동조합의 임원 및 직원, ③ 어선법 제52조에 있어서 제41조 제1항 및 제3항의 규정에 의하여 해양수산부장관의 업무를 대행하거나 선박 총톤수 측정증명서를 교부하는 기술원 또는 선급(船級)법인의 임원 및 직원이다.

　통상산업편(通商産業編)에는 ① 산업표준화법 제42조의 산업자원부장관이 제38조의 규정에 의하여 위탁한 사무에 종사하는 단체의 임원 및 직원, ② 품질경관촉진법 제32조의 인증기관 · 연수기관 또는 제27조의 규정에 의하여 산업자원부장관이 위탁한 사무에 종사하는 단체의 임원 및 직원, ③ 산업개발법 제43조의 산업자원부장관이 제42조 제2항의 규정에 의하여 위탁한 업무에 종사하는 한국생산성본부, 사업자단체, 대통령령이 정하는 법인 또는 단체의

임원 및 직원, ④ 승강기제조 및 관리에 관한 법률 제29조에 있어서 제15조 제1항의 규정에 의한 검사기관의 임원 및 직원, ⑤ 염관리법 제32조에 있어서 제10조 및 제33조의 규정에 의하여 염(鹽)품질검사 등의 위탁업무를 수행하는 조합의 임원 및 직원, ⑥ 계량 및 측정에 관한 법률 제57조의 산업자원부장관이 제50조의 규정에 의하여 위탁한 사무에 종사하는 특정연구기관육성법에 의한 연구기관·지정검정기관 또는 협회의 임원 및 직원, ⑦ 전기사업법 제65조의 2에 있어서 산업자원부장관 또는 시·도지사가 제65조 제2항의 규정에 의하여 위탁한 업무에 종사하는 안전공사의 임원 및 직원, ⑧ 전기공사업법 제33조에서 지정교육훈련기관의 임원 및 직원 또는 제32조 제2항 또는 제3항의 규정에 의하여 위탁한 업무에 종사하는 공사업자단체 또는 전기분야기술자를 관리하는 법인·단체의 임원 및 직원, ⑨ 전력기술관리법 제32조에 있어서 제27조의 규정에 의하여 위탁받은 업무에 종사하는 협회의 임·직원과 제12조 및 제13조의 규정에 의하여 그 업무를 행하는 감리원, ⑩ 발전소주변지역지원에 관한 법률 제21조에서 이 법에 의한 업무에 종사하는 공사 및 법인의 임원 및 직원, ⑪ 도시가스사업법 제45조의 2에서 산업자원부장관 또는 시·도지사가 제45조 제2항 및 제3항의 규정에 의하여 위탁한 사무에 종사하는 공사 또는 검사기관의 임원 및 직원, ⑫ 고압가스안전관리법 제37조의 2에서 제36조의 규정에 의하여 위탁한 업무에 종사하는 공사 또는 검사기관의 임원 및 직원, ⑬ 액화석유사스의 안전 및 사업관리법 제41조의 3에서 시·도지사 또는 시장·군수·구청장이 제41조 제2항 또는 제3항의 규정에 의하여 위탁한 업무에 종사하는 공사(公社) 또는 검사기관의 임원 및 직원, ⑭ 에너지이용합리화법 제92조의 2에서 산업자원부장관이 제92조 제2항의 규정에 의하여 위탁한 업무에 종사하는 시험기관·공단 또는 시공업자단체의 임원 및 직원, ⑮ 집단에너지사업법 제61조에서 산업자원부장관이 제53조의 규정에 의하여 위탁한 업무에 종사하는 에너지관리공단의 임원 및 직원, ⑯ 광산보안법 제22조의 4에서 산업자원부장관이 제22조의 3 제2항의 규정에 의하여 위탁한 업무에 종사하는 법인의 임원 및 직원, ⑰ 송유관안전관리법 제12조에서 산업자원부장관이 제11조 제2항의 규정에 의하여 위탁한 업무에 종사하는 공사의 임원 및 직원, ⑱ 석유사업법 제39조에 있어서 제32조 제2항의 규정에 의하여 위탁한 업무에 종사하는 법인의 임원 및 직원이다.

건설편(建設編)에는 ① 지가공시 및 토지 등의 평가에 관한 법률 제34조의 2에 있어서 제10조 제1항 제1호 내지 제5호의 목적을 위한 토지의 감정평가, 제20조 제1항 제1호 및 제2호의 2의 업무를 행하는 감정평가사, ② 토지구획정리사업법 제83조에서 이 법에 의한 업무를 수행하는 조합의 임원·대의원 및 직원, ③ 한국토지공사법 제27조에서 정부투자기관관리기본법 제18조의 규정에 해당하는 임원 및 직원 이외에 제19조의 규정에 의하여 위탁받은 업무에 종사하는 직원(삭제), ④ 건설산업기본법 제90조에서 건설분쟁조정위원회의 임원 및 제91조 제3항의 규정에 의한 위탁사무에 종사하는 자, ⑤ 건설기술관리법 제45조에 있어서 제27조의 규정에 의하여 그 업무를 행하는 감리원, ⑥ 시설물의 안전관리에 관한 특별법 제37조에서 공단의 임·직원, 안전점검 또는 정밀안전진단을 실시하는 자 및 유지관리업무를 하는 자, ⑦ 도시재개발법 제61조에서 이 조합의 임·직원, ⑧ 대한주택공사법 제10조에서 정부투자기관관리기본법 제18조의 규정에 해당하는 임원 및 직원 이외에 제9조 제2항의 규정에 의하여 위탁받은 업무에 종사하는 직원(삭제), ⑨ 주택건설촉진법 제53조의 2에 있어서 제33조의 6의 규정에 의하여 감리업무를 행한 자, ⑩ 건축법 제77조에서 제23조의 규정에 의하여 현장조사·검사 및 확인업무를 대행하는 자 및 제28조의 규정에 의한 건축지도원으로서 공무원이 아닌 자, ⑪ 한국도로공사법 제13조의 3에서 정부투자기관관리법 제18조의 규정에 해당하는 임원 및 직원 외에 제12조의 2 및 제13조의 2의 규정에 의하여 위탁받은 업무에 종사하는 자(삭제), ⑫ 도시개발법 제82조에서 조합의 임원 및 직원이다.

　　교통편(交通編)에는 ① 한국고속철도건설공단법 제36조에서 공단의 임원 및 직원, ② 자동차관리법 제77조의 2에서 제30조·제44조·제45조 및 제47조의 규정에 의한 확인검사·완성검사·자동차검사 및 택시미터검정업무에 종사하는 자와 제77조 제4항 내지 제6항의 규정에 의하여 위탁받은 업무에 종사하는 자, ③ 해상교통안전법 제52조의 2에 있어서 제10조의 3의 규정에 의하여 해양수산부장관의 업무를 대행하는 대행기관의 임원 및 직원, ④ 항만운송사업법 제29조의 4에 있어서 제29조 제2항의 규정에 의하여 위탁받은 업무에 종사하는 사업자단체 또는 법인의 임·직원, ⑤ 한국컨테이너부두공단법 제38조에서 공단의 임원 및 직원, ⑥ 선박안전법 제16조의 6에 있어서 제8조 제1항·제2항 또는 제16조의 2의 규정에 의한 검정·확인·검사 또는 승인에 관한 해양수산부장관의 업무를 대행하는 대행검사기관의 임원 및 직원, ⑦ 항로표지법 제15조의 5에 있어서 제15조의 3 제1항의 규정에 의하여 검사에 관한 해양수산부장관의 업무를 대행하는 검사기관의 임원 및 직원, ⑧ 유류오염손해배상보장법 제54조에서 해양수산부장관이 제47조 제2항의 규정에 의하여 위탁한 업무에 종사하는 해상재해방지전문기관의 임원 및 직원 ⑨ 한국철도시설공단법 제38조에서 공단의 임원 또는 직원 등이 있다.

정보통신편(情報通信編)에는 ① 전기통신기본법 제52조에서 통신위원회의 위원 중 공무원이 아닌 위원, 제33조의 2 제1항의 규정에 의하여 성능시험 업무를 취급하는 자 및 제46조 제2항의 규정에 의하여 수탁업무를 취급하는 자(삭제), ② 전파법 제71조의 6에 있어서 제75조의 4의 규정에 의하여 수탁업무를 취급하는 사업단의 임원 및 직원, ③ 정보통신망이용촉진 등에 관한 법률 제27조에서 정보통신부장관이 제26조 제2항 내지 제4항의 규정에 의하여 위탁한 업무에 종사하는 협회·기술협회 및 한국전산원의 임원 및 직원, ④ 컴퓨터프로그램보호법 제37조에서 정보통신부장관이 제32조의 규정에 의하여 위탁한 업무에 종사하는 단체의 임원 및 직원, ⑤ 전산망보급 확장과 이용촉진에 관한 법률 제32조에서 정보통신부장관이 제28조의 규정에 의하여 위탁한 업무에 종사하는 전문단체·전산원·정보센터·협회·기술협회의 임원 및 직원, ⑥ 정보통신공사업법 제71조에 있어서 제69조 제2항 및 제3항의 규정에 의한 위탁사무에 종사하는 자이다.

특·가·법(特定犯罪加重處罰等에關한法律) 제4조 제2항의 정부관리기업체 범위와 제2조 제1호 내지 제44호 및 제53호의 정부관리기업체 그리고 농협, 축협, 수협, 임협의 중앙회, 농지개량조합연합회 및 농지개량조합의 임원과 과장대리급(과장대리급제가 없는 정부 관리기업체에서는 과장급) 이상의 직원과 그 외 공사·회사·조합·연합 회의 임원 등을 본법 시행령 제3조에서 규정하고 있다.

특·경·가·법(特定經濟犯罪加重處罰等에關한法律) 제2조의 (가)목~(너)목에 해당하는 금융기관의 정의와 여기에서 근무하는 직원 중 간부직원은 임원 또는 과장급 이상으로 하고 있다.

◗ **우리나라의 공기업:** 그 출자 및 관리 주체가 누군가에 따라 서 정부기업을 지방공기업 및 정부관리기업으로 구분할 수 있다. 철도·통신·전매·조달사업(순수행정기업), 수도·도로·가스사업 등 (지방자치단체가 운영)에 해당하는 정부기업은 정부가 공공이익을 증대 시키기 위해서 또는 재정수입을 확보하기 위해서 직접 운영하는 것으로서 일반 행정기관과 동일한 지위에 있는 순수행정기업으로 여기에 종사하는 직원은 공무원이다. 반면 정부관리기업은 정부투 자기업 또는 정부투자기관 등으로 불리는 것으로 자본의 50% 이 상을 정부가 출자한 기업 또는 귀속재산 중 그 재산의 50% 이상이 정부에 귀속되어 있는 기업을 말한다. 이러한 정부관리기업은 독립 경영체 즉 특별법의 제정에 의하여 설립되어 독립성과 자치권이 인정되고 또 독립적법인격이 부여된 공기업으로서 공사(Public Corporation)라고도 불리는 것과 私法上의 기업형태 즉 상법상의 주식회사와 마찬가지로 이사회·대표이사·감사·주주총회와 같은 기관을 가지고 있는 형태로 나누어지는 기업으로 여기에 종사하는 간부직원은 공무원으로 본다.

◗ **정부관리기업체의 범위:** 특정범죄가중처벌 등에 관한 법률 제4조에 따라 정부관리기업체 및 간부직원의 범위를 규정함을 목

적으로 한다. [개정 2008. 7. 9] 특정범죄가중처벌 등에 관한 법률
제4조 제1항에 따른 정부관리기업체의 범위는 다음과 같다.

2007. 3. 27 이전 삭제	● 공무원 및 사립학교 교직원의료보험관리공단 ● 근로복지공단 ● 한국토지공사 ● 한국수자원공사 ● 한국관광공사 ● 인천국제공황공사 ● 한국산업인력관리공단 ● 대한주택공사 ● 한국도로공사 ● 주식회사한국감정원 ● 한국공황공사 ● 한국종합화학공업주식회사
명칭 변경	● 임업협동조합중앙회 및 그 회원조합을 수산업협동조합중앙회 및 그 회 원조합으로 ● 무선관리사업단을 한국전파진흥원으로
2008. 7. 9 삭제	● 한국담배인삼공사 ● 한국전기통신공사 ● 국정교과서주식회사 ● 한국종합화학공업주식회사 ● 축산업협동조합중앙회 및 그 회원조합 ● 농지개량조합연합회 및 농지개량조합
2009. 9. 21 삭제	● 대한주택공사

[한국은행·한국산업은행·중소기업은행·한국조폐공사·한국수
출입은행·신용보증기금·기술신용보증기금·금융감독원·한국증
권거래소·한국소비자원·한국국제협력단·한국소방산업기술원·
국립공원관리공단·한국마사회·농수산물유통공사·한국농촌공
사·한국전력공사·대한석탄공사·대한무역투자진흥공사·한국광
물자원공사·한국전기안전공사·한국지역난방공사·한국가스공
사·한국가스안전공사·에너지관리공단·중소기업진흥공단·한국
석유공사·한국전파진흥원·환경관리공단·국민건강보험공단·근
로복지공단·한국산업인력공단·한국토지주택공사·한국수자원공
사·한국도로공사·한국관광공사·주식회사한국감정원·인천국제
공항공사·한국공항공사·한국철도시설공단·한국방송공사·농업

협동조합중앙회 및 그 회원조합·수산업협동조합중앙회 및 그 회원조합·산림조합중앙회 및 그 회원조합·항만공사법에 따른 항만공사·한국철도공사법에 따른 한국철도공사 등이다. 1997. 11. 29에 1곳, 2008. 7. 9에 6곳, 2009. 9. 21에 1곳을 삭제함으로써 현재는 46개 기업체 등이다(특·가·법 시행령 제2조 참조).]

◑ **정부관리기업체의 간부직원 범위**(법 제4조 제2항의 규정에 의함. 단, 다른 법령에 의하여 공무원 또는 공무원에 준하는 신분을 가지는 경우에는 그 법령의 적용을 한다.)

[1] 제2조 제1호 내지 제44호까지, 제53호 및 제54호의 정부관리기업체와 농업협동조합중앙회·수산업협동조합중앙회 및 산림조합중앙회 임원과 과장대리급(과장대리급제가 없는 정부관리기업체에서는 과장급) 이상의 직원.

[2] 한국방송공사·지역농업협동조합·지역축산업협동조합·품목별·업종별협동조합 및 품목조합연합회("농업협동조합법"에 따라 설립된 것을 말한다.)·지구별수산업협동조합·업종별수산업협동조합·수산물가공수산업협동조합·지역산림조합 및 품목별·업종별산림의 임원(특·가·법 시행령 제3조)

◑ **뇌물죄적용대상의 확대**(법 제4조 참조)

第1項: 다음 각 호의 1에 해당하는 기관 또는 단체(이하 "기업체"라 한다.)로서 대통령령이 정하는 기업체(이하 "정부관리기업체"라 한다.)의 간부직원은 형법 제129조 내지 제132조(뇌물죄)의 적용에 있어 이를 공무원으로 본다.

[제1호] 국가 또는 지방자치단체가 직접 또는 간접으로 자본금의 2분의 1 이상을 출자하거나 출연금·보조금 등 그 재정지원

의 규모가 그 기업체 기본재산의 2분의 1 이상인 기업체

[제2호] 국민경제 및 산업에 중대한 영향을 미치고 있고 업무의 공정성이 현저하여 국가 또는 지방자치단체가 법령이 정하는 바에 따라 지도·감독하거나 주주권의 행사 등을 통하여 중요사업의 결정 및 임원의 임면 등 운영 전반에 관하여 실질적인 지배력을 행사하고 있는 기업체

第2項: 제1항의 간부직원의 범위는 기업체의 설립목적, 자산, 직원의 규모 및 해당 직원의 구체적인 업무 등을 고려하여 대통령령으로 정한다. [전문개정 95. 12. 29] [1995. 12. 29 법률 제5056호에 의하여 1995. 9. 28 헌법재판소에서 위헌 결정된 본조를 개정]

◐ **금융기관의 정의:** (가) 한국은행(금융감독원 포함)과 은행법 기타 법률에 의한 은행, (나) 1998. 1. 13 삭제, (다) 자본시장과 금융투자업에 관한 법률에 따른 투자매매업자, 투자중개업자, 집합투자업자, 신탁업자, 증권금융회사 및 종합금융회사, (라) 상호저축은행법에 의한 상호저축은행과 그 중앙회, (마) 농업협동조합법에 의한 조합과 그 중앙회, (바) 수산업협동조합법에 의한 조합과 그 중앙회, (사) 2002. 12. 5 삭제, (아) 신용협동조합법에 의한 신용협동조합과 그 중앙회, (자) 새마을금고법에 의한 새마을금고와 그 연합회, (차) 삭제(개정 2007. 8. 3 제8635호(자본시장과 금융투자업에 관한 법률, 시행일 2009. 2. 4), (카) 삭제(개정 2007. 8. 3 제8635호(자본시장과 금융투자업에 관한 법률, 시행일 2009. 2. 4), (타) 삭제(개정 2007. 8. 3 제8635호(자본시장과 금융투자업에 관한 법률, 시행일 2009. 2. 4), (파) 보험업법에 의한 보험사업자, (하) 신용보증기금법에 의한 신용보증기금, (거) 기술신용보증

기금법에 의한 기술신용보증기금, (너) 그 밖에 가목 내지 거목의 기관과 동일하거나 유사한 업무를 행하는 기관으로서 대통령령이 정하는 기관을 말한다(특·경·법 제2조 참조).

◑ **금융기관의 간부직원:** 임원 또는 과장급 이상의 직원을 말한다.

[3] 뇌물죄와 관련된 법률용어

- **누범이란**–형법상 누범이란 금고 이상의 형을 받아 그 집행을 끝냈거나 면제를 받은 이후 3년 이내에 다시 금고 이상의 형에 해당하는 죄를 범하였을 때에는 누범으로 처벌된다(제35조 1항). 누범(종류가 다른 범죄를 범한 경우)의 형은 그 죄에 정한 형의 장기의 2배까지를 가중한다. 3범·4범에 관해서는 규정이 없으나 누범과 마찬가지로 취급하여야 할 것이다. 누범은 전과를 기초로 한 형법학상의 개념이고, 상습범(동일 범죄를 반복하여 범한 경우)은 상습성을 기초로 하는 범죄학(형사학)상의 개념인데 상습범은 정신박약자나 이상 성격자에 많고, 그 습벽(버릇)은 보통의 행형으로는 교정되지 않으므로 부정기형이나, 보안처분을 채택하는 입법례도 있다.

- **특정범죄가중처벌 등에 관한 법률이란**–뇌물죄의 가중처벌, 알선수재(斡旋收財), 뇌물죄 적용대상의 확대, 체포·감금 등의 가중처벌, 국고손실, 약취·유인죄의 가중처벌, 도주차량 운전자의 강도강간, 특수강간, 단체 등의 조직, 보복범죄의 가중처벌, 관세법 위반행위의 가중처벌, 관계공무원의 무기사용, 조세포탈의 가중처벌, 산림법 위반행위의 가중처벌, 통화위조의 가중처벌, 마약사범의 가중처벌, 외국인을 위한 탈법행위, 몰수, 무고죄(誣告罪), 특수직무유기, 소추에 관한 특례 등에 관해 규정한 법률.

- **간접정범이란**–타인을 도구(구성요건을 형법상 책임능력이 없는 자 또는 자유로운 의사결정에 의하여 행동이 없는 자)로 이용하여 범죄를 실현하는 것
  - (1) 사례–형법상 책임능력이 없는 만 14세 미만의 자 등을 꾀어 절도를 시키는 경우, 상급공무원이 하급공무원을 강제로 수뢰케 한 경우
  - (2) 처벌–"어느 행위로 인하여 처벌되지 아니하는 자, 또는 과실범으로 처벌되는 자를 교사(敎唆)·방조하여 범죄행위의 결과를 발생케 한 자는 교사·방조의 예에 의하여 처벌한다." 즉 공범이 성립되지 않고 이를 이용한 자가 정범(正犯)자가 된다(형법 제34조 1항)고 하여 간접정범을 규정함.
  - (3) 교사범과 직접정범과의 차이점–간접정범은 타인을 통하여 범죄를 실현한다는 점에서 교사범과 유사하다. 그러나 교사범은 피이용자가 정범(책임능력이 있는 자에게 어떤 범죄행위를 할 것을 결의시켜 그자로 하여금 그 범죄를 실행케 한 경우〈제31조〉)으로서의 요건을 갖추 어야 하는 데 반해, 간접정범은 어느 행위로 인하여 처벌되지 않거나 과실범으로 처벌되는 자를 이용한다는 점에서 양자는 서로 다르다. 그리고 타인을 이용한 범죄라는 점에서 직접 정범과 구별된다. 간접정범은 자수범이나 신분범에서는 성립될 수 없다. 간접 정범이 직접 정범과 다른 점은 객관적 구성요건을 행위매개자를 통해 실현시킨다는 점과 배후인물의 의사지배를 통한 행위 지배(즉 직접행위자의 도구성) 및 간접정범자의 행위지 배에 대한 인식이 필요한 점(이 사항이 결여된 경우에는 교사범이 성립됨)에 있다.

● 감경사유란

(1) 법률상 감경(형법 제55조: 법률의 특별규정에 의한 감경)
　　① 사형➡무기 또는 10년 이상의 징역 또는 금고로 감경
　　② 무기(징역·금고)➡7년 이상의 징역 또는 금고로 감경
　　③ 유기(징역·금고)➡형기의 2분의 1로 감경
　　④ 자격상실➡7년 이상의 자격정지로 감경
　　⑤ 자격정지➡그 형기의 2분의 1로 감경
　　⑥ 벌금➡그 다액의 2분의 1로 감경
　　⑦ 구류➡그 장기의 2분의 1로 감경
　　⑧ 과료➡그 다액의 2분의 1로 감경
(2) 필요적 감경 – 심신미약자(형법 제10조2항), 농아자(형법 제11조), 종범(형법 제32조 2항)
(3) 임의적 감경 – 미수범(형법 제25조 2항), 작량감경(형법 제53조), 법률상 감경할 사유가 수개 있는
　　　때는 거듭 감경(형법 제55조 2항), 범죄를 목적으로 하는 단체를 조직하거나 이에 가입한 자(형법
　　　제114조 1항 단서)

● 강력범죄란(특정강력범죄의 처벌에 관한 특례법)

(1) 살인죄 가운데 살인·존속살해, 위계 등에 의한 촉탁살인과 그 미수범
(2) 약취유인죄 가운데 미성년자 약취·유인, 영리 등을 위한 약취·유인·매매, 국외 이송을 위
　　한 약취·유인·매매와 그 상습범·미수범
(3) 흉기 등을 휴대하거나 2인 이상이 합동하여 범한 강간·강제추행·준강간·준강제추행·미
　　성년자 간음 및 추행과 강간 등에 의한 치사상죄와 그 미수범
(4) 강도·특수강도·준강도·약취강도·강도상해 및 치상·강도살인 및 치사·강도강간·해
　　상강도와 그 상습범·미수범
(5) ‘폭력행위 등 처벌에 관한 법률’과 ‘특정범죄 가중처벌 등에 관한 법률’에 저촉되는 범죄단체
　　를 조직하는 행위 등으로 규정한다.
(6) 처벌–특정강력범죄로 형의 집행이 종료 또는 면제된 지 3년 이내에 재범한 때에는 그 죄에 정한 형
　　의 2배까지 가중 처벌하고, 10년이 지나지 않은 자가 재범한 때에는 형의 집행을 유예하지 못한다.
(7) 특례배제–18세 미만의 소년이 사형 또는 무기형에 해당하는 특정강력범죄를 범한 경우 소년
　　법의 완화규정에 불구하고 20년의 유기징역에 처한다.
(8) 취소조치–법원은 특정강력범죄사건의 피고인이 피해자나 그 친족의 생명·재산 등에 해를
　　가할 염려가 있다고 믿을 만한 충분한 이유가 있는 경우에는 보석 또는 구속집행정지를 취소
　　할 수 있다. 증인이 피고인 등으로부터 위해를 받을 염려가 있다고 인정되면 관할 경찰서장
　　에게 신변안전에 필요한 조치를 취할 것을 요청해야 한다.
(9) 공개금지–특정강력범죄로 수사 또는 심리 중인 사건의 피해자와 신고자 또는 고발자에 대해
　　성명·연령·주소·직업·용모 등 그 신분을 알 수 있는 사실 또는 사진을 신문 등의 출판
　　물에 게재하거나 방송해서는 안 된다.
(10) 신체구속–법원은 심리에 2일 이상이 소요되는 때에는 가능한 한 매일 개정하여 집중심리를
　　　해야 하고, 재판장은 특별한 사정이 없는 한 공판기일로부터 7일 안에 다음 공판 기일을 지
　　　정해야 한다. 재판장은 특정강력범죄로 공소제기된 피고인이 폭력행사 또는 도주의 우려가
　　　있다고 인정하는 때에는 공판정에서 신체구속 등의 조치를 취할 수 있다. 법원은 복잡한 사
　　　건이나 특별한 사정이 있는 경우에도 변론 종결일로부터 14일 이내에 판결을 선고해야 한다.

● 개연성이란– 확률과 확실성으로 해석되는데, 어떤 일이 ‘절대적으로 확실하지 않으나 아마

그러할 것’이라고 생각되는 성질을 말한다(예: 그때의 교통사고는 아마 운전자의 부주의로 발생했다는 개연성
이 높다.).

- **결합범이란**–개별적으로 독립된 범죄의 구성요건에 해당하는 수개의 행위가 1개의 구성요건에 결합하여 일죄를 구성하는 경우이다(사례: 폭행＋협박＋절도죄➡강도죄, 강도＋강간죄➡강도강간죄 등).

- **공동정범이란**–2인 이상(책임 능력이 있는 자가 서로 공동으로 죄가 될 사실을 실현)이 공동으로 죄를 범한 때에는 각자(타인의 행위에 대하여 종속적으로 책임을 지는 것이 아니고 그 자체가 독립적으로 정범자로서의 책임을 지는 것)를 정범으로 처벌한다(형법 제30조).
    - (1) 처벌–참가공동한 정도의 여하를 불문하고 전원을 정범자(교사범도 아니고 종범도 아닌 정범)로서 처벌함.
    - (2) 사례–3인이 타인의 주택 내에 침입하여 절도할 것을 모의하고, 그중 1인은 옥외에서 망을 보고 다른 1인은 입구의 창문을 열고 또 다른 1인은 옥내에 침입하여 재물을 절취한 경우➡ 3인 모두가 주거침입 및 절도의 정범으로 처벌된다. 다만, 망을 보고 있었던 자는 종범(從犯)으로 처벌될 수도 있다.
    - (3) 성립요건–객관적으로 2인 이상의 자가 공동으로 어떤 범죄를 실행한다는 공동참가의 사실이 있어야 한다. 주관적으로는 서로 공동으로 어떤 범죄를 실행한다는 공동의사가 존재하여야 한다. 이때 공동실행의 의사가 어느 일방에게만 있는 경우는 편면적(片面的) 공동정범의 형태이므로, 공동정범이 될 수 없고 동시범 또는 종범의 성립이 문제가 될 수 있다.
    - (4) 공모공동정범(共謀共同正犯)–2인 이상의 자가 범죄를 공모한 후 그 공모자 중 일부만이 범죄의 실행에 나아간 경우에 실행행위를 담당하지 않은 공모자에게도 공동정범이 성립한다는 이론. 즉, 집단적·조직적·지능적 범죄의 배후조종자인 거물 및 간부를 직접 실행행위를 한 부하들과 같이 공동정범으로 취급한다는 것을 판례가 인정하고 있다(대판 1983. 3. 8. 82도3248).
    - (5) 승계적 공동정범(承繼的共同正犯)–공동실행의 의사가 실행행위의 일부 종료 후 그 기수 이전에 성립한 경우에 통설과 판례는 공동실행의 의사가 사전에 있을 것을 요하지 않는 이상 행위도중에 공동의사가 성립한 경우에도 공동정범의 성립을 인정하고 있다[공동실행의 의사가 실행행위의 개시 이전에 성립한 경우(예모적(豫謀的)공동정범)와 공동실행의 의사가 실행행위 시에 성립한 경우(우연적(偶然的) 공동정범)가 있다.]. [사례]: 갑이 강도의 고의로 병에게 폭행을 가하여 반항을 억압한 후에 친구 을과 같이 병의 금품을 탈취한 경우➡범행가담 이전에 선행자인 갑이 한 행위 부분을 후 행위자인 을에게 귀책시킬 수 있다는 것.

- **교사범이란** – 책임능력이 있는 자(예: 만 20세인 정신적·육체적으로 건강한 남자)에게 어떤 범죄행위를 할 것을 결의시켜 그자로 하여금 그 범죄를 실행케 한 경우를 말한다(형법 제31조).
    - (1) 처벌 – 교사범의 책임은 "죄를 실행한 자와 같은 형으로 처벌한다."(형법 제31조)
    - (2) 교사범과 간접정범의 구별 – 교사범은 책임능력이 있는 자이고, 간접정범은 책임능력이 없는 자(예: 5세 소년 또는 광인)에게 정신적 영향을 주어 범행을 하게 한 경우를 말한다. 만약 어떤 범죄를 결의케 한 수단(제한 무)이 강제·위협·긴급의 상태·오해 등을 이용한 경우에는 간접정범은 될 수 있으나 교사범은 되지 않는다.
    - (3) 교사의 미수 – 교사의 결과 상대방에게 고의가 생기도록 하였으나 이자가 실행행위에 이르지 않은 때를 교사의 미수로 원칙적으로 불가벌이 된다. 교사를 받은 자가 범죄의 실행을 승낙하고 실행의 착수에 이르지 아니한 때➡교사자와 피교사자를 예비 또는 음모에 준한 처벌, 피교사자가 범죄의 실행을 승낙하지 않은 때에는➡교사자를 예비 또는 음모에 준한 처벌
    - (4) 미수의 교사 – 어떤 범죄의 미수행위를 행하도록 하기 위하여 타인으로 하여금 범죄를 결의케 하고 이로 인하여 그자로 하여금 그 미수행위에 그치도록 하였을 때(예: 함정수사)➡실행행위에 착수하지 않을 것을 예상했던 경우에는 죄가 되지 않는다(통설).
    - (5) 특수교사 – 타인을 지위·감독할 자가 그 지위를 이용하여 피지휘·감독자를 교사·방조하여 간접정범의 결과를 발생케 한 경우(형법 제34조 2항)➡그 형을 가중한다(형의 장기 또는 다액에 그 1/2까지 가중한다.).

- **독직죄란**-현행 형법상에 "공무원의 직무에 관한 죄에 해당한다."라고 규정하고 있다. 즉 공무원이 직권을 남용하여 국민의 자유와 권리 또는 재산권을 침해하거나 또는 그 청렴(淸廉)의 의무에 위배하여 뇌물(賂物)을 받아 직무의 공정을 해함으로써 국가나 공공단체의 권위와 기능을 해하고 품위를 떨어뜨리는 범죄이다.

  (1) 독직 행위(瀆職行爲)
  - ① 직무를 유기한 행위
  - ② 직권을 남용한 행위
  - ③ 불법으로 사람을 체포·감금하는 행위
  - ④ 폭행·가혹행위
  - ⑤ 피의사실 공표
  - ⑥ 공무상비밀누설
  - ⑦ 선거방해
  - ⑧ 뇌물죄(수뢰·사전수뢰·제3자뇌물제공·수뢰후사후부정처사 및 사후수뢰·알선수뢰·뇌물공여 등)가 있다.
  (2) 몰수 및 추징-범인 또는 그 정을 아는 제3자가 받은 뇌물 또는 뇌물에 공한 금품은 몰수하며, 몰수가 불가능할 경우에는 그 가액을 추징한다.
  (3) 가중 처벌-공무원이 직권을 이용하여 본 장(형법 제7장) 이외의 죄를 범한 때는 그 죄에 정한 형의 2분의 1까지 가중한다.

- **미필적 고의란**-미필적 고의(未畢的故意)는 매우 낮은 정도의 인식과 의욕만 있는 경우로서, 행위자가 구성요건실현(결과발생)을 가능한 것으로 인식하고 그것을 감수하겠다는 의욕을 보인 경우이다. 미필적 고의는 인식(認識) 있는 과실(過失)과 구별하는 학설이 대립된다. 결과발생의 가능성을 인식하였다는 점에서는 양자가 동일하나, 의욕요소의 차원에서 미필적 고의는 결과발생을 감수하겠다는 소극적 의미의 의욕요소가 있고, 인식 있는 과실은 그것조차 없는 경우이다.

  ① 미필적 고의 - 결과의 발생을 예견(豫見)하였으나 그 결과의 발생을 바라거나 인용(認容: 인정하고 용납하는 것)해 버리는 고의

  ② 인식 있는 과실 - 결과의 발생을 예견(豫見)하였으나 그 결과의 발생을 바라거나 인용(認容)하지 않은 과실(즉, 결과가 자기의 경우에는 발생하지 않으리라고 확신하여 그 결과발생을 인용하지 않은 점)

  [사례]: 자동차운전자가 통행인이 많은 좁은 길을 과속으로 운행하면서 혹시 사람을 칠지도 모른다는 생각을 하면서도 자기의 실력으로는 사고가 나지 않을 것이라 생각하고 달리다가 사고를 낸 경우

  ③ 공통점 - "사고를 낼지도 모른다고 생각"(예견)
  ④ 차이점(통설) - 미필적 고의는 "사고가 나도 할 수 없다"며 그 결과의 발생을 인용한 점, 인식 있는 과실은 "사고가 나지 않을 것"이라는 생각(인용하지 않은 점)
  ⑤ 구별의 실익 - 고의와 과실은 형벌(刑罰)에서 경중(輕重)의 차이가 크기 때문.

- **미수범이란**-범죄의 실행에 착수하여 행위를 끝내지 못하였거나 결과가 발생하지 아니한 범죄 또는 범인(형법 25조 1항)
  (1) 처벌(범죄적 인상)-법률에 특별히 정해진 경우에만 처벌되는데(제29조), 형법에서는 미수범의 형을 기수범보다 감경할 것인가의 여부를 임의적으로 맡겨 놓고 있다(제25조 2항).
  (2) 미수범의 요건-실행의 착수가 있어야 하고, 그 범죄가 미완성으로 그쳐야 한다.

(3) 미수와 예비의 구별—행위가 실행된 후 그 결과가 발생하면 기수, 결과발생이 없었으면 미수, 실행의 착수단계에 이르지 않았으면 그것은 예비(예: 갑은 히로뽕 제조원료 구입비로 일정금액을 을에게 제공하였는데, 을이 구입할 원료를 물색하던 중 적발된 경우)다.

(4) 미수범과 불능범과의 구별—행위자가 범행 실행 후 결과 발생이 없었다면 미수범이 되고, 비록 행위자가 생각한 대로 진행되었을지라도 결과발생이 불가능하였다면 불능범(예: 기도나 굿을 사용하여 사람을 죽이려고 하는 경우(미신범), 또는 그림자를 사람인 줄 알고 총을 쏜 경우 등)이 된다. 그러나 불능범에 대해서 형법은 "실행의 수단 또는 대상의 착오로 인하여 결과의 발생이 불가능하더라도 위험성(危險性)이 있으면 처벌(불능미수범으로 처벌), 없으면 불벌(불능범이므로 처벌 못 함). 다만, 형을 감경 또는 면제할 수 있다."라고 규정하고 있다(제27조).

(5) 장애미수(형법 제25조 1항)—행위자가 어떠한 외부적 장애(障碍: 객관적 사정)에 의하여 범죄의 완성에 이르지 못하였을 때. 즉, 범죄의 실행 착수 후 행위 미완료(예: 살인을 하고자 칼을 들이댔지만 저항 때문에 찌르지 못하고 도망친 경우＝착수미수)나 결과 미발생(예: 살인을 하고자 칼로 찔렀지만 피해자가 죽지 않고 상해만 입은 경우＝실행미수)을 말한다.➡임의적 감경(기수범보다 감경)

(6) 중지미수(형법 제26조)—범죄의 실행에 착수한 자가 아직 범죄가 완성되기 전에 자의(自意: 주관적 의사)로 범행을 중지(예: 살상코자 총을 겨누었다가 인재를 죽여서는 안 된다고 생각되어 그만둔 경우＝착수중지)하거나 결과의 발생을 방지(예: 살상코자 총을 쏴서 쓰러진 자를 인재를 죽게 해서는 안 된다는 생각이 들어 병원으로 옮겨 생명을 구해 낸 경우＝실행중지)한 경우를 말한다.➡필요적 감면(감경 또는 면제)

(7) 불능미수(형법 제27조)—행위자의 고의로 범죄행위가 진행되었을지라도 결과발생이 처음부터 불가능하지만 위험성이 있어 미수범으로 처벌되는 경우를 말한다(예: 폭탄을 투하하여 사람을 살해하려고 던졌으나 장난감 폭탄인 경우. 다량의 설탕을 먹이면 죽는 줄 알고 먹인 경우).➡임의적 감면(감경 또는 면제)

(8) 미수범의 불벌—과실범(過失犯)과 결과적 가중범(結果的 加重犯)은 그 미수를 처벌하지 않기로 하고 있다.

● 방조범(종범)이란—실행행위 이외의 행위로서 정범(正犯)의 실행행위를 용이하게 하는 공범(共犯)의 일종이다.

(1) 방조의 성립요건—방조(종범)가 되기 위해서는 정범의 실행행위를 방조할 의사(意思)를 가지고, 방조행위를 하여야 하며, 정범의 실행행위가 있음을 요한다.

(2) 방조의 수단·방법—아무런 제한이 없다. 작위(행동)든 부작위(망보는 행위)이든 물질적·유형적이든(기구나 흉기 부여 등), 정신적·무형적이든(격려나 칭찬 등) 불문한다.

(3) 감경처벌—정범의 형보다 감경(필요적 감경)한다(형법 제32조 2항). 교사·방조는 피교사자·피방조자가 현실로 범죄의 실행행위에 착수한 때에 처벌된다는 것이 통설과 판례이다.

(4) 가중처벌—자기의 지휘·감독을 받는 자를 방조(특수 종범)하여 범죄행위의 결과를 발생하게 한 경우에는 형이 가중되어 정범의 형으로 처벌한다(제34조 2항). 또한 간첩방조죄는 간첩죄와 동일한 형으로 처벌한다(제98조 1항).

● 법조경합의 특별관계란—1개 또는 수개의 행위가 외관상 2개 이상의 형벌규정에 해당된 외관을 보여도 실질적으로는 그러한 형벌 법규 관계상 가장 중한 형인 1개의 죄만이 적용되는 것을 말한다. 이는 법조경합상 일죄이고, 과형상 일죄로 처벌됨(상상적 경합범)(예: 자기의 부모를 살해한 자는 살인죄(형법 제250조 1항)와 존속살인죄(동 조 제2조)를 범한 것처럼 보이나 실은 중한 형인 존속살인죄만 적용되어 처벌된다.).

(1) 법조경합의 인정 이유—이중평가금지원칙 때문(예컨대 아들이 아버지를 살해한 경우. 법조상 살인죄와 존속살해죄가 성립되나 이를 동시에 적용하는 것은 이중평가가 된다. 따라서 살인죄는 배척되고 중한 존속살해죄만 법조가 적용된다.)

(2) 특별관계—어느 구성요건이 다른 구성요건의 모든 요소를 포함하고 그 밖에 특별한 표지까지 포함한 경우. 특별법은 일반법에 우선한다는 원칙 적용(예: 존속살해죄는 살인죄의 모든 구성요건을 포함하고 여기에 존속이라는 특별한 요소를 구비하였음을 의미)

(3) 흡수관계—어떤 구성요건이 다른 구성요건을 흡수(포함)하는 관계에 있는 경우. 특별관계나 보충관계에 해당하지 않는 경우로 전부법은 부분법을 폐지한다는 원칙 적용(예: 살해자의 신체에 상해를 가한 죄는 살인죄에 흡수되어 상해죄는 폐지된다는 의미)

(4) 보충관계—어떤 구성요건이 다른 구성요건에 대해 단지 보충적으로만 적용되는 경우. 기본법은 보충법에 우선한다는 원칙 적용(예: 명시적 보충관계로는 일반이적죄는 외환유치죄에 보충관계이고, 묵시적 보충관계는 불가벌적 사전행위인 예비죄는 미수죄와 기수죄에, 미수죄는 기수죄에 보충관계가 있다.)

(5) 택일관계—법조경합에 포함되지 않는다는 견해가 유력함(법조경합이란 최소한 2가지 구성요건이 부분적으로 중첩하는 것을 전제로 한다는 점이기 때문). 택일관계란 형벌규정들이 그 성질상 양립할 수 없다는 것을 말한다. 따라서 양립된 어느 한쪽을 배제하여 적용하는 경우이다(예: 타인으로부터 위탁받은 재물을 횡령한 행위는 원칙적으로 동시에 배임죄의 요건을 갖추고 있으나, 양 죄 중 횡령죄를 적용하면 배임죄는 배제된다.).

● **배임죄란**—타인의 사무를 처리하는 사람이 그 임무에 위배하는 행위로써 "재산상의 이익" 을 취득하거나, 제3자로 하여금 이를 취득하게 하여 본인에게 손해를 가하는 죄(형법 제355조 2항 이하)를 말한다(배신설이 통설·판례). 재산범죄 중 재산상의 이익만(재물 제외)을 객체로 하는 이익죄이다.

(1) 타인의 사무를 처리하는 자—사무 처리의 원인이 법령·계약관계·사무관리 등과는 상관치 않는다. 또한 독립 고유 권한만의 처리가 아닌 타인 보조자의 경우도 포함된다. 공적·사적인 사무도 묻지 않는다.

(2) 임무에 위반하는 행위—본인과의 신임관계(신의성실의 원칙)의 취지에 반하는 행위를 말한다(예: 농협 지점장이 회수 가능성이 희박한 자에게 부실대출을 한 경우).

(3) 이익 또는 손해—재산상은 물론 신분상의 이익이나 손해도 포함한다.

(4) 재산상의 손해—기존재산의 감소나 장차 얻을 수 있는 이익의 상실 따위는 불문한다.

(5) 처벌—5년 이하의 징역 또는 1,500만 원 이하의 벌

(6) 횡령죄(형법 제355조 1항)와 배임죄의 관계—타인의 신임관계에 위배한다는 배신설(背信說)이 공통으로 하나, 횡령죄는 개개의 "특정한 재물(財物)"에 관하여 성립하는 데 대하여, 배임죄는 "재산(財産)상 이익(利益)"에 관하여 성립하는 점에서 구별된다.

(7) 단순배임죄(형법 제355조 2항)—타인의 사무를 처리하는 사람이 그 임무에 위배하는 행위로써 "재산상의 이익"을 취득하거나, 제3자로 하여금 이를 취득하게 하여 본인에게 손해를 입힘으로써 성립한 범죄.

(8) 업무상배임죄(형법 제356조 2항)—타인의 사무를 처리하는 사람이 업무상 임무에 위배하는 행위로써 "재산상의 이익"을 취득하거나, 제3자로 하여금 이를 취득하게 하여 본인에게 손해를 입힘으로써 성립한 범죄.

(9) 배임수증죄(형법 제357조 이하)—타인의 사무를 처리하는 사람이 그 임무에 관하여 "부정한 청탁"을 받고 "재물 또는 재산상의 이익"을 취득(요구나 약속은 본죄가 성립치 않음)하거나, 그 재물 또는 이익을 공여함으로써 성립한 범죄. 이 죄를 범한 범인이 취득한 재물은 몰수하고, 그 재물을 몰수하기가 불능하거나 재산상의 이익을 취득한 때에는 그 가액을 추징한다(제357·358·359조).

(10) 이상의 세 범죄는 직계혈족·배우자·동거친족·호주·가족 또는 그 배우자 간에 범한 때에 형을 면제하며, 기타의 친족 간에 범한 때에는 고소가 있어야만 처벌된다. 이 죄의 최고 형벌은 10년 이하의 징역 또는 3,000만 원 이하의 벌금 외에 그 종류에 따라 10년 이하의 자격정지 및 추징금의 처벌이 병과된다.

● 사교적 의례(社交的 儀禮)란

1. 개설

추석이나 연말에 단지 사교적 의례로 하는 선물은 원칙적으로 뇌물이 아니다. 직무행위에 대한 대가 관계가 인정되는 것도 아니고 그렇다고 불법·부당한 이익도 아니며, 일반적으로 승인된 의례 내지 상부상조하는 미풍양속이라고 할 수 있기 때문이다. 그러나 사교적 의례를 빙자하여 뇌물을 수수하는 경우가 많기 때문에 단순한 사교적 의례로서의 선물과 뇌물의 구별기준이 특히 문제가 되고 있다.

2. 판례와 학설

(1) 판례
[사교의례 인정 판례] 결혼축의금. 모친회갑축의금으로 2만 원을 받은 경우 결혼축의금으로 5만 원 또는 10만 원을 받은 경우 등은 원칙적으로 사교적 의례의 범위에 속하는 향응이나 물품의 증답으로 뇌물성이 없다고 하고, 사적 친분관계에 기초한 것도 사교적 의례라는 태도를 견지하였다. [사교의례 부정 판례] 본봉보다 많은 금원을 2회 받은 경우에는 금액 자체로 보아서도 그것이 사교상 의례적인 범위에 속한 것으로 볼 수 없다고 하여 대가가 큰 경우에는 대가 관계가 있는 것으로 보았고, 1,000 원 상당의 향응접대. 검찰서기의 처에게 폭행사건을 관대히 처리해 달라고 금 430원 상당의 과자와 쇠고기를 공여한 경우. 노동청 해외근로 국장으로서 해외취업자 국외송출허가 등 업무를 취급하던 자가 접대부 등의 국외송출 부탁을 받고 시가 금 70,000원 상당의 주식을 접대받은 경우. 학부모 2명으로부터 5만 원과 10만 원의 촌지를 받은 교사의 경우 등에는 비록 그 규모가 크지 아니하였다 하더라도 그 사유만으로 이를 단순한 사교적 의례의 범위에 속하는 향응에 불과한 것으로 볼 수 없다고 하였으며, 공개된 장소에서의 금품수수 및 금액이 소액이라는 사실만으로는 뇌물성이 부정되지 않는다고 하였다.

(2) 학설
학설로서는 사교적 의례로서의 선물이라 할지라도 직무행위와 대가관계가 인정되는 때에는 뇌물이 된다는 견해와 직무행위와 대가관계가 인정되는 경우라도 사회의식상 관습적으로 승인되고 있는 경조부조금·전별금·환송연이나 계절적 문안인사 등을 위한 선물의 정도를 초과하지 않는 것은 뇌물이 아니라는 견해가 대립되고 있다. 전설(前說)은 사회생활상 순수한 의례적인 것이 뇌물이 아님은 물론이지만, 적어도 직무행위와 대가적 관계에 서는 것인 한 사교적 의례의 명목을 갖추더라도 뇌물이라고 보지 않을 수 없다는 것을 이유로 하고, 후설(後說)은 직무에 대한 대가관계가 인정되지 않을 때에는 뇌물이 될 수 없으므로 사교적 의례에 속하는가를 따질 필요가 없다는 것을 이유로 한다.

(3) 사견
생각건대 뇌물이 직무에 관한 행위의 대가로서의 부정한 이익을 말하는 것인 점에서만 본다면 직무행위와의 대가관계가 인정되는 경우에는 비록 사교적 의례의 명목을 빌리더라도 뇌물로 되어야 할 터이지만 뇌물죄의 보호법익과의 관계까지를 아울러 보면 직무의 공정성과 이에 대한 사회일반의 신뢰를 해하지 않을 정도의 범위 내의 것 또는 관습적으로 승인되어 있는 한도 내의 것은 뇌물성을 부인함이 타당하다고 생각된다.

그런데 직무 관련적이면서도 사교적 의례의 정도를 넘지 않는 선물의 법적 성질을 사회상규에 반하지 않는 행위(제20조)로서 위법성이 조각된다는 견해가 있다. 구성요건의 명확성을 유지한다는 관점에서 구성요건 해당성의 판단에는 가능한 한 평가적 관점을 배제하는 것이 바람직하다는 것을 이유로 한다. 그러나 구성요건 해당성 자체가 배제된다고 해야 한다. 사교적 의례에 속하는 선물은 사회상당성에 의해서 뇌물이라고 할 수 없기 때문이다.

3. 판단기준과 사례

(1) 판단기준
사교적 의례로서의 선물은 뇌물이 아니다. 그러나 구체적인 경우에 어떤 행위를 사교적 의례로 볼 수 있는가는 결국 사교적 의례에 해당하는 행위인지의 여부는 공무의 불가매수성 및 그 공정한 집행에 대한 사회적 신뢰를 침해하거나 침해할 가능성과 국민일반의 건전한 도의감정에 의하여 허용되는 범위 등을 지표로 한 법정신 내지 규범의식이 판단기준이 된다고 해야 할 것으로 본다. 사교적 의례로서 정당화될 수 있는 행위인가의 여부는 증여된 이익의 성질·가액, 증여의 계기와 이유, 준 사람과 받은 사람의 관계 등을 종합적으로 판단해야 하기 때문이다. 그럴 경우 감사표시인 촌지나 명절을 전후한 비공식적 보수의 일종인 떡값 등은 사교적 의례에 속한다고 할 수 없다. 뇌물과 직무행위 사이의 관계가 반드시 구체적으로 존재해야 하는 것은 아니고 포괄적으로 보아 과거·현재 또는 미래의 직무수행에 대한 대가라고 볼 수 있으면 족하기 때문이다.

(2) 구체적 사례

(가) 격려금의 수수
행정청의 내부에서 주로 상급자로부터 하급자에게 수여되는 격려금의 수수는 뇌물죄를 구성하지 않는다고 보지만, 행정청의 외부로부터의 격려금은 대부분 뇌물성을 띤다고 해야 한다. 기업체의 대표가 관련업무 담당공무원의 노고를 치하하는 명목으로 돈을 주는 경우가 이에 해당한다. 자발적인 성금형식의 금품은 직무관련성이나 대가관계가 부정되는 경우가 대부분이기 때문에 원칙적으로 뇌물죄는 성립하지 않는다고 해야 한다. 관할지역의 유흥업소 경영자들이 전투경찰들의 간식비 명목으로 돈을 모아 주는 경우가 이에 해당한다.

(나) 퇴직자에 대한 전별금
퇴직자에 대한 전별금은 상부상조한다는 의미에서 뇌물성이 부인되지만, 상급자에 대한 전별금은 특별히 직무와의 대가관계가 인정되거나 그 가액이 관례적으로 승인되는 한도를 초과한 경우에는 뇌물죄가 성립할 수 있다고 해야 한다. 상급자에 대한 전별금은 단순한 석별의 정 이상의 의미를 가질 수 있기 때문이다. 민원인 등 외부로부터의 전별금도 마찬가지라고 할 수 있다. 일반적·추상적 직무관련성 및 포괄적·잠재적 대가관계가 인정되기 때문이다.

(다) 경조부조금
결혼축의금과 같은 경조부조금 명목의 금품수수가 개인적인 친분관계에 기초하여 부조한 것으로 판단되면 뇌물성이 부정되지만, 경조부조금이라도 직무행위와 대가관계가 인정되면 뇌물성이 인정된다. 은사에 대한 명절선물이나 주례에게 감사선물은 직무관련성이나 대가관계가 존재하지 않으므로 뇌물이 될 수 없다.
그러나 부하직원의 상급자에 추석선물이나, 학부형의 담임선생에 대한 선물 등과 같이 직무관련성이 인정되는 경우에는 비록 청탁의 대상이 현존하지 않는 경우에도 포괄적인 대가관계를 긍정할 수 있다고 해야 한다.

(라) 정치자금
정치헌금의 의미를 "정당이나 정치가에 대한 기부행위", "이권을 기대해서 행해지는 정치자금의 제공", "정당이나 정치가의 정치활동을 위한 경비로 사용될 것을 목적으로 하는 증여" 등으로 설명되고 있지만 확정적인 정의는 없기 때문에 이 용어를 사용하는 자에 따라 그 의미가 달리 사용될 수 있다. 정치헌금이란 넓은 의미로는 정치가 개인 또는 정당 등의 단체에 대하여 그 정치활동에 따른 증여(기부) 일체를 의미한다.

이와 같이 정치헌금의 용어를 넓은 의미로 사용할 때에는 뇌물죄에 해당하는 경우도 있다. 예컨대 정치가인 국회의원에게 그 정치활동인 국회에 있어서 국정조사권의 행사로서 특정사항에 관하여 질의를 하는 등 당해 의원의 직무와 관련하여 금품을 제공하는 경우가 이에 해당한다.

그러나 정치헌금과 뇌물의 관계가 실무상 문제로 되는 것은 수뢰자가 당해 뇌물이라고 말하여지는 돈은 정치헌금으로 수령한 것이므로 뇌물이 아니라고 주장한 경우이다. 이에 관해서 정치자금은 일반적으로 직무에 관한 것이 아니라는 이유로 뇌물성을 부정하는 견해도 있다.

* 본 저자의 논문에서 발췌

● 상상적 경합범이란 —

한 개의 행위가 수개의 죄에 해당하는 경우를 상상적 경합이라 한다. 형법은 가장 중한 죄의 형으로(법정형) 처벌한다고 규정(형법 제40조)하고 있다. 상상적 경합은 일죄(一罪)가 아니고 수죄(數罪)이며 행위가 한 개이기 때문에 한 죄에 정한 형으로 처벌하게 된다.

(1) 사례—갑은 고의로 1개의 폭탄을 던져서(한 개의 행위) 수명의 사망(살인죄), 수명의 상해(상해죄), 수체의 가옥 파괴(손괴죄)를 발생시켰다. 이때의 처벌은 가장 중한 죄인 살인죄로만 처벌받게 된다. 과형상(科刑上)의 일죄이기 때문에 소송법적으로 한 개의 사건으로 취급된다.

(2) 판례—입시문제를 절취하여 이용한 경우 '공용서류 등 무효죄'와 '위계에 의한 공무집행방해죄'는 상상적 경합관계가 있다(대판 1966. 4. 26. 66도30.)

● 상습범이란 —

일정한 동종의 범죄 행위를 상습적으로 함으로써 성립하는 죄를 말한다. 형법에는 상습범에 대한 별단(別段)의 조문으로 된 규정은 없으나, 특정한 범죄에 대하여 형벌가중의 원인으로 되고 있다.

(1) 사례—형법상 상습도박·상습폭행·상습절도·상습사기·상습강도·상습상해 등과, 폭력행위등처벌에관한법률상 상습적으로 상해·폭행·체포감금·협박·주거침입 및 퇴거불응·폭력에의한 권리행사방해·공갈·손괴·공무집행방해· 공용서류등의무효 및 공용물의파괴·살인·촉탁 및 승낙에의한살인·위계등에의한촉탁살인등·예비 및 음모·업무방해·경매 및 입찰의방해· 강도·특수강도·준강도·약취강도·강도상해 및 치상·강도강간·해상강도· 해상강도상해 및 치상 등이 있다.

(2) 상습범과 누범의 구별—누범(累犯)은 상습범(常習犯)인 경우도 있지만, 양자가 반드시 일치하는 것은 아니다. 누범은 전과(前科)를 기초로 하는 형법학상의 개념이고, 상습범은 상습성을 기초로 하는 형사학상의 개념이다.

(3) 상습범의 기준 — 행위냐 행위자체냐 하는 점에 의견 대립이 있다. 현행 형법에서 "상습으로 재물로써 도박한 죄를 범한 자는 ……(제246조 ①항)"이라고 표현한 것은, 그 행위를 한 방법이 범인의 습벽(버릇)의 발현(속에 있는 것을 나타냄)이라고 할 수 있다. 따라서 행위성상(사람의 성질과 행실)에 의한 범죄의 한 형태로 해석해야 한다.

● 신분범이란 —

범죄가 성립하기 위해 행위자의 일정한 지위 또는 상태를 필요로 하는 범죄를 말한다.

(1) 사례—행위자의 일정한 지위의 경우로는 수뢰죄의 성립에 행위자가 공무원 또는 중재인의 신분(제129조)이, 위증죄가 성립되려면 행위자가 법률에 의하여 선서한 증인(제152조 ①항)이 필요하다. 그리고 행위자의 일정한 상태를 필요로 하는 범죄로는 상습범에 있어서는 범인의 상습성, 목적범에 있어서는 범인의 목적 등이 필요하다.

(2) 신분범의 종류—진정신분범은 행위자가 일정한 신분이 있어야만 범죄가 성립되는 경우(예: 수뢰죄)이고, 부진정신분범은 신분의 유무에 따라 법정형이 가중·감경되는 경우(예: 존속살인죄) 등을 말한다.

(3) 신분범에 비신분이 가공된 경우—일정한 신분을 필요로 하는 범죄에서 신분이 없는 자가 가공한 행위에 대해서는 신분관계가 없는 자에게도 공동정범·교사범·종범 규정을 적용시킨다(제33조).

- **사회상규란**—일반적으로 일반인의 건전한 도의감 또는 사회윤리를 의미하는 개념으로서, 사회상규에 위배되지 않는 행위는 법질서 전체의 정신이나 사회윤리에 비추어 용인될 수 있는 행위를 말한다. 판례에 따르면 입법정신에 비추어 국가질서 존중성의 인식을 기초로 한 국민일반의 건전한 도의감을 지칭한다고 판시하고 있다.

- **정당행위란**—범죄구성요건에 해당하지만 정당화되어 처벌되지 않는다는 것이 다수설이다 (위법성조각사유설). 형법 제20조에 의하면 정당행위란 법령에 의한 행위, 업무로 인한 행위, 기타 사회상규에 위배되지 않는 행위를 말한다.

  (1) 법령에 의한 행위—개인의 현행범인 체포행위, 징계행위(교사의 학생징계행위 등), 점유자의 자력구제행위, 노동쟁의행위, 모자보건법상 낙태행위, 승마투표권 발매행위, 전염병예방법에 의한 의사의 신고의 행위 등은 법령상 허용되는 행위이다.
  (2) 업무로 인한 행위—변호사의 변론행위 또는 성직자의 범죄불고지 행위, 의사의 치료행위, 위임사무의 처리행위, 안락사 등의 행위는 업무로 인한 행위이다.
  (3) 기타 사회상규에 위배되지 않는 행위—일상적 규칙, 문화규범, 조리, 공서양풍, 건전한 도의감, 윤리감 등을 의미한다. 판단기준으로는 목적의 정당성, 방법의 상당성, 법익균형성, 긴급성, 보충성을 갖추었는가를 합목적적 및 합리적으로 판단하여 결정한다(예: 법익 충돌 때, 의무 충돌 때, 사회 질서 내에서 정상적인 행위규칙에 적합한 행위일 때, 경미한 위법행위일 때 인정된다.).

- **선고유예란**—범정(범죄가 이루어진 정황)이 경미한 범인에 대하여 일정한 기간 형의 선고를 유예(선고유예 판결에 대해서 검사 측이 정식재판 1심 판결 선고 후 7일 이내에 항소하지 않으면 선고유예 건이 확정판결 됨.)하고, 그 유예기간(2년)을 사고 없이 지내면 형의 선고를 면하게 하는 제도이다. 이때 가납벌과금(검찰징수사무규칙 제32조 및 제33조)을 납부하였다면 되돌려 받을 수 있다. 형의 집행유예와 함께 단기자유형의 폐해를 피하고, 형을 집행하지 아니하고서도 형벌의 목적을 달성하려는 취지에서 착안된 제도이며, 1842년 영국에서 행하던 조건부 석방에서 유래하였고, 영미법계 각국에서 채택하고 있는데 한국 형법도 이 제도를 인정하였다.

  (1) 요건—형의 선고유예를 하려면 다음과 같은 요건이 구비되어야 한다(형법 59조 1항). 1년 이하의 징역이나 금고, 자격정지 또는 벌금의 형을 선고할 경우임을 요한다. 형법 제51조의 사항(양형의 조건)을 참작하여 개전의 정이 현저한 때임을 요한다. 자격정지 이상의 형을 받은 전과(前科)가 없어야 한다. 형의 선고유예는 형을 병과할 경우에도 형의 전부 또는 일부에 대하여 할 수 있다 (제59조 2항).
  (2) 효과—선고유예를 받은 날로부터 2년을 경과한 때에는 면소된 것으로 본다(전과기록인 '범죄경력자료', '수형인명부', '수형인명표'에 전혀 기록이 남지 않으나, 만약 정식재판을 포기하여 약식명령에서 벌금형을 받게 되면 범죄경력 자료에 남게 됨). 곧 유죄판결의 선고가 없었던 것과 똑같은 효력이 있다. 선고유예(전과기록의 일종에 해당) 관련 사항은 경찰청에서 관리하는 '수사경력자료'에는 기재되나 일정 기간이 경과되면 삭제된다.
  (3) 실효(失效)—선고유예를 받은 자가 유예기간 중 자격정지 이상의 형에 처한 판결이 확정되거나, 자격정지 이상의 형에 처한 전과가 발견된 때에는 유예한 형을 선고한다. 제59조의 2의 규정에 의하여 보호관찰을 명한 선고유예를 받은 자가 보호관찰 기간 중에 준수사항을 위반하고 그 정도가 무거운 때에는 유예한 형을 선고할 수 있다(제61조). 전과기록이 아닌 법원의 선고(벌금 미만의 형으로 구류, 과료)를 받은 피고인이나, 검사의 불기소처분(검사의 기소유예, 혐의 없음, 공소권 없음 또는 죄가 안 됨)을 받은 피의자에 대하여 작성되는 수사경력자료, 그리고 법원의 판결(무죄, 면소 또는 공소기각의 판결, 법원의 공소기각의 결정이 확정된 경우) 등에는 그 처분 또는 결정이 있거나 판결이 선고된 날부터 5년이 경과한 때에 전산 입력된 수사경력 자료는 해당 사항을 삭제하도록 규정하고 있다(형의 실효 등에 관한 법률 제8조 제2항).

- **경합범이란**–판결이 확정되지 않은 수개의 죄 또는 금고 이상의 형에 처한 판결이 확정된 죄와 그 판결확정 전에 범한 죄를 말한다(형법 37조).

(1) 개념 – 광의의 경합범에는 상상적 경합범(1개의 행위가 2개 이상의 죄에 해당하는 경우)과 실체적 경합범(사람이 2개 이상의 범죄를 범한 경우)이 있고, 협의의 경합범에는 실체적 경합범만을 가리킨다. 그러나 일반적으로 경합범이라고 말할 때에는 실체적 경합범을 뜻한다. 상상적 경합범은 형법 제40조에 별도로 규정하고 있다. 처벌은 가장 중한 죄에 정한 형으로 한다(흡수주의).

(2) 실체적 경합범을 동시에 판결할 때의 처벌방법(가중주의가 원칙이고 예외로 흡수주의와 병과주의 가미)
  ① 가장 중한 죄에 정한 형이 사형 또는 무기징역이나 무기금고인 때에는 가장 중한 죄에 정한 형으로 처벌한다(예. 살인죄와 절도죄의 경우→살인죄의 최고형인 사형으로 선고할수 있다).
  ② 각 죄에 정한 형이 사형 또는 무기징역이나 무기금고 이외의 동종의 형인 때에는 가장 중한 죄에 정한 장기 또는 다액에 그 1/2까지 가중하되, 각 죄에 정한 형의 장기 또는 다액을 합산한 형기 또는 액수를 초과할 수 없다. 다만, 과료와 과료, 몰수와 몰수는 병과할 수 있다.
  [사례: 강도죄(제333조)는 3년 이상 유기징역, 절도죄(제329조)는 6년 이하 징역 또는 1천만 원 이하 벌금)의 경우] 형의 1/2까지 가중과 병과 및 흡수는 형의 양정 등을 근거로 한 법원의 재량사항이되, 계산상으로는 병과주의일 때 강도죄는 3년 이상 14년까지이고, 절도죄는 6년 이하 징역이므로 최고형이라고 할 때의 합산형은 20년이 선고될 수 있다. 흡수주의의 경우에는 강도죄의 최고형인 14년의 형에 절도죄가 흡수되어 14년 형으로 선고될 수 있다. 가중주의 경우에는 강도죄와 절도죄는 징역이라는 동종의 형에 해당되므로 가장 중한 죄의 형인 14년의 1/2까지 가중하므로 21년까지 가능하다. 다만 각 죄에 정한 형의 장기 합산(20년)을 초과할 수 없으므로 최장 20년까지 선고될 수 있다.
  ③ 각 죄에 정한 형이 무기징역이나 무기금고 이외의 이종(異種)의 형인 때에는 병과(倂科)한다. 그리고 징역과 금고는 동종의 형으로 간주하여 징역형으로 처벌한다(38조). 경합범 처벌에 대한 입법례에는 흡수주의·가중주의·병과주의 등이 있다.
  [사례: 징역 3년과 벌금 1,000만 원은 이종형으로→흡수주의의 경우 징역 3년으로 선고, 가중주의는 징역 4년 6개월과 벌금 1,500만 원이나 합산형 초과를 감안하여 징역 3년으로 선고, 병과주의 때는 징역 3년과 벌금 1,000만 원으로 선고. 그리고 징역 3년과 금고 3년은 동 형으로 간주되므로→병과주의 때는 징역 6년으로, 흡수주의 때는 징역 3년으로, 가중주의 때는 징역 4년 6개월과 금고 4년 6개월을 하여 9년이 되나, 합산형의 초과를 감안하여 최고 6년으로 선고 가능]

- **직무범죄란**–공무원이 그 직무집행의 과정에서 또는 직무와 관련하여 범하는 범죄를 총칭하여 말한다.

(1) 형법상–제7장에서 '공무원의 직무에 관한 죄'라는 제목 아래 직무유기죄(제122조), 직권남용죄(제123조), 불법체포·감금죄(제124조), 폭행·가혹행위죄(제125조), 피의사실공표죄(제126조), 공무상 비밀의 누설죄(제127조), 선거방해죄(제128조), 뇌물죄(제129조 내지 제133조)를 넓게 규정하고 있다. 그러나 좁은 의미로 뇌물죄는 직무범죄보다는 준(準)직무범죄로 본다.
(2) 일반적–타인의 직권남용죄, 불법체포·감금죄, 폭행·가혹행위죄, 피의사실공표죄, 공무상 비밀누설죄, 선거방해죄는 공무원의 직무 수행상 범하는 죄이고, 뇌물죄(수뢰죄와 증뢰죄)는 직무와 관련하여 범하는 죄이다. 일반적으로 말할 때는 전자와 후자를 포괄하여 직무범죄라 한다.

- **집행유예란**—범죄자에게 짧은 기간의 자유형(징역, 금고)을 선고할 때에 그 정상을 참작
하여 일정 기간 그 형의 집행을 유예하는 제도(법원에서 자격정지 이상의 정식 재판으로만 가능하다. 따라서
약식기소로 벌금형을 명령할 때는 집행유예를 선고할 수 없음)를 말한다.

(1) 입법취지 – 범죄자의 개과천선과 단기자유형의 폐해를 방지하려는 형사정책의 목적으로, 영미의
    선고유예제도(19세기 중엽 발생)에서 영향을 받아 19세기 말에 유럽(벨기에 · 프랑스 · 독일)에서 비롯
    된 제도이다.
(2) 유형–두 유형 모두는 형을 선고하고, 효과를 보기 위해서는 집행유예 후 보호관찰제도를 실시하
    고 있다. 한국도 시행함.
    –조건부 유죄판결주의(벨기에 · 프랑스에서 비롯된 제도)로 유예기간 중 일정한 형벌 이상의 죄를 범
      하지 않으면, 선고된 유죄판결의 효력까지 상실시키는 제도이다(우리나라 채택).
    –조건부 특사주의(독일에서 비롯된 제도)로 판결 선고에는 영향을 미치지 아니하고, 다만 그 형의
      집행만을 면제하는 제도이다.
(3) 요건(형법 제62조)
    –3년 이하의 징역 또는 금고의 형을 선고할 경우에 제51조의 사항을 참작하여 그 정상에 참작
      할 만한 사유가 있는 때에는 1년 이상 5년 이하의 기간 형의 집행을 유예할 수 있다. 다만,
      금고 이상의 형을 선고한 판결이 확정된 때부터 그 집행을 종료하거나 면제된 후 3년까지의
      기간에 범한 죄에 대하여 형을 선고하는 경우에는 집행유예를 할 수 없다(그러하지 아니하다).
      〈개정 2005. 7. 29〉 형을 병과할 경우에는 그 형의 일부에 대하여 집행을 유예할 수 있다.
      [단서조항 해설]: 갑이 절도죄로 징역 1년을 선고받고 교도소에서 복역하다 만기출소 후 3년
      이 경과하기 전에 또 뇌물죄로 3년 형의 선고판결을 받게 되었다면, 이때에는 판사가 집행유
      예를 선고할 수 없다(형법 제62조 1항 단서 때문). 만약 판사가 전과를 고려했다거나 기간 산정
      등의 실수로 집행유예를 선고했더라도, 제62조 제1항 단행의 사유로 인하여 집행유예의 선고
      는 취소하게 된다.
(4) 집행유예기간–집행유예의 기간은 1년 이상 5년 이하의 범위 내에서 법원이 재량으로 정하며, 형
    을 병과할 때에는 그 형의 일부에 대하여 그 집행을 유예할 수 있다.
(5) 집행유예기간의 기산점–구속된 시점이 아니라 판결 확정 시이다. 즉, 상소기간이 경과하여 항소,
    상고 등을 할 수 없거나 항소, 상고를 포기하여 해당 재판결과가 그대로 확정된 시점부터 집행유
    예 기간은 진행한다.
(6) 집행유예의 실효(제63조)–집행유예의 선고를 받은 자가 유예기간 중 고의로 범한 죄로 금고 이상
    의 실형을 선고받아 그 판결이 확정된 때에는 집행유예의 선고는 효력을 잃는다. 〈개정 2005. 7.
    29〉 따라서 처음부터 형의 선고를 받지 않은 것과 같다.
(7) 집행유예의 취소(제64조)–집행유예의 선고를 받은 후 제62조 단행의 사유가 발각된 때에는 집행
    유예의 선고를 취소한다(제1항). 제62조의 2의 규정에 의하여 보호관찰이나 사회봉사 또는 수강
    을 명한 집행유예를 받은 자가 준수사항이나 명령을 위반하고 그 정도가 무거운 때에는 집행유
    예의 선고를 취소할 수 있다(제2항). 〈신설 1995. 12. 29〉

- **포괄적 대가관계란**—뇌물은 개개의 특정한 직무행위와 대가적 관계에 있을 필요는 없
다고 판시하였다(대판 1997. 12. 26, 97도2609, 1997. 4. 17. 96도3378, 1997. 4. 17. 96도3377). 따라
서 뇌물죄에서 대가관계와 뇌물의 개념은 포괄적으로 보아야 한다.

● **필요적 공범이란** – 범죄 구성요건 자체가 2인 이상이 참가(예: 뇌물을 주고받는 증·수뢰죄)하거나 단체의 행동(예: 소요죄)을 전제로 하여 성립하는 죄를 말한다. 그리고 공동정범(제30조)과 교사범(제31조 1항) 및 종범(제32조 1항)은 임의적 공범에 속한다.

(1) 유형
  ① 진정 필요적 공범
  –집합범: 특수한 공동정범설(통설 및 판례). 다수의 행위자가 같은 목적을 위해 같은 방법으로 작용하는 경우(다수자의 법정형이 동일한 경우인 소요죄. 다수사의 법정형이 상이한 경우인 내란죄 등)
  –대향범: 2인 이상의 참가자가 다른 방향에서 동일한 목표를 실현하는 경우(대향자 쌍방의 법정형이 같은 경우인 간통죄. 아동혹사죄. 도박죄. 부녀매매죄. 대향자 쌍방의 법정형이 다른 경우인 증·수뢰죄. 낙태죄의 의사와 부녀. 배임수증죄 등. 대향자 일방만 처벌되는 경우인 음화 등의 반포죄)
  ② 부진정 필요적 공범
  –합동범: 2인 이상이 합동하여 범죄를 성립한 경우로 현장설이 판례이다(형이 가중되는 경우인 특수도주죄. 특수절도죄. 특수강도죄와 기타 특수주거침입죄. 특수폭행죄. 특수협박죄. 특수손괴죄. 특수공무집행방해죄. 해상강도죄 등).
(2) 형법의 공범 규정 적용 여부 – 필요적 공범이 내부관계에 있을 때는 일반 공범규정(형법 총칙상 공범)에 대한 특별규정(형법 각칙상 공범)이므로 일반 공범규정을 적용할 필요가 없다. 그러나 외부참가자에 대한 관계에서는 경우에 따라 적용될 수도 있다.

◈ 뇌물죄에 관한 판례정리

[1] 뇌물죄(賂物罪)의 보호법익(保護法益)

① 처음엔 뇌물죄의 보호법익을 '직무행위의 불가매수성'이라고 했다.[6]

② 후에는 직무집행의 공정과 이에 대한 사회의 신뢰 및 직무행위의 불가매수성으로 본다.[7]

---

6) 대판 1965. 5. 31. 64도723. 대판 1984. 8. 14. 84도1139

7) 대판 2007. 4. 27. 2005도4204. 대판 2002. 11. 26. 2002도3539. 대판 2000. 1. 21. 99도4940. 대판 1984. 9. 25. 84도1568. 대판 1997. 12. 26. 97도2609

[2] 수뢰죄(收賂罪)와 증뢰죄(贈賂罪)의 필요적 공범(共犯)관계

① 뇌물공여죄와 뇌물수수죄가 필요적 공범관계에 있다.[8]
② 뇌물공여죄의 성립에는 반드시 상대방 측의 뇌물수수죄가 성립되어야 하는 것을 뜻하지는 않는다.[9]

[3] 직무관련성(職務關聯性)

(1) 직무(職務)

① 직무란 공무원 또는 중재인이 그 지위에 따라 담당하는 일체의 사무를 말한다.[10]
② 직무의 범위는 법령뿐만 아니라 지령·훈령·내규 또는 행정처분에 의한 경우이다.[11]
③ 법령에 직접적인 규정이 없어도 법령상 관장하는 직무와 관련이 있으면 직무이다.[12]
④ 상사의 명령에 의해 소관 이외의 사무를 일시 대리할 경우에도 직무이다.[13]
⑤ 관례상이나 사실상 소관하는 직무행위도 직무이다.[14]
⑥ 결정권자를 보좌하거나 영향을 줄 수 있는 직무행위도 직무이다.[15]

---

8) 대판 1971. 3. 9, 70도2536
9) 대판 1987. 12. 22, 87도1699
10) 대판 1982. 11. 23, 82도1549
11) 대판 1959. 9. 4, 4291형상294
12) 대판 1999. 6. 11, 99도275, 대판 1999. 11. 9, 99도2530
13) 대판 1953. 6. 11, 4286형상11
14) 대판 2000. 1. 28, 99도4022

⑦ 공무원의 일반적 직무권한에 속하는 것이면 현재 구체적으로 담당하고 있는 사무임을 요하지 않으므로 과거에 담당하였거나 장래에 담당할 직무라도 직무의 범위에 포함된다.[16]

(2) 직무(職務)에 관하여

① '직무에 관하여'란 권한에 속한 직무행위뿐만 아니라 직무행위에는 속하지 않더라도 직무행위와 밀접한 관계가 있거나, 직무행위와 관련해 사실상 처리하던 직무를 포함한다.[17]

② 직무관련성의 판단은 공무원의 이익수수로 인하여 사회일반으로부터 직무집행의 공정성을 의심받게 되는지 여부가 기준이 된다.[18]

③ 택지개발현장에서의 공사 관리를 총괄하는 직무를 담당하는 한국토지개발공사 공사부장이 공사현장에서 발생하는 건축물 폐 재료의 처리공사를 담당할 하도급업체를 갑 건설이 선정함에 있어 을 기업이 하도급을 받을 수 있도록 갑 건설에 청탁한 경우에 직무 관련성이 있다.[19]

④ 육군본부의 항공사업 집행 장교로서 방위력개선사업에 관한 업무를 수행하는 자가 무기구매상으로부터 항공장비사업 등에 관한 정보를 얻어 달라는 부탁 및 열상 과학 장비의 헬기정착 사업시행을 검토해 달라는 부탁을 받고 돈을 받은

---

15) 대판 2001. 1. 19, 99도5753
16) 대판 1996. 1. 23, 94도3022
17) 대판 1994. 3. 22, 93도2962
18) 대판 2002. 3. 15, 2001도970
19) 대판 1998. 2. 27, 96도582

경우에 직무 관련성이 있다.[20]

⑤ 음주운전을 적발하여 단속에 관련된 제반 서류를 작성한 후 운전면허 취소업무를 담당하는 직원에게 이를 인계하는 업무를 담당하는 경찰관이 피단속자로부터 운전면허가 취소되지 않도록 하여 달라는 청탁을 받고 금원을 교부받은 경우에는 직무관련성이 있다.[21]

⑥ 국립병원 직원이 입찰과 관련된 필요정보를 제공하는 등의 편의를 봐 달라는 취지의 청탁과 함께 금원을 수수한 경우에 직무관련성이 있다.[22]

⑦ 시의 도시계획계장이 도지사의 소관사항인 도시계획시설결정승인신청에 관련하여 금품을 수수한 경우에 직무관련성이 있다.[23]

⑧ 시의회 의장이 토지구획정리사에 대한 시의회의 심의와 관련하여 금품을 수수한 경우에 직무관련성이 있다.[24]

⑨ 부하직원의 비행을 묵인하는 조건으로 돈을 받은 경우에는 직무관련성이 있다.[25]

⑩ 재무부 보험과장이 보험회사의 주식을 인수하는 경우에 직무관련성이 있다.[26]

⑪ 구청 위생계장이 유흥업소를 경영하는 사람으로부터 건물용도변경허가와 관련하여 금품을 수수한 경우에 직무관련성이

---

20) 대판 2000. 1. 28, 99도4022
21) 대판 1999. 11. 9, 99도2530
22) 대판 2000. 1. 21, 99도4940
23) 대판 1983. 8. 23, 82도2350
24) 대판 1996. 11. 15, 95도1114
25) 대판 1968. 12. 24, 66도1575
26) 대판 1984. 7. 24, 83도830

있다.27)

⑫ 경락허가결정의 문안작성을 처리해 온 관여 주사보가 경락허부와 관련하여 금품을 수수한 경우에 직무관련성이 있다.28)

⑬ 운수 업무를 취급하는 시의 광산과장이 개인택시의 면허를 청탁받은 경우에 직무관련성이 있다.29)

⑭ 대통령이 국책사업의 사업자 선정과 관련하여 금품을 수수한 경우에 직무관련성이 있다.30)

⑮ 국회의원이 의정활동과 전체적 및 포괄적으로 대가관계가 있는 금원을 교부받은 경우에 직무관련성이 있다.31)

① 경찰서 정보과에 근무하는 경찰관이 주식회사 대표이사로부터 중소기업협동조합중앙회 회장에게 부탁하여 자신의 회사가 외국인 산업연수생에 대한 국내 관리업체로 선정되는 데 힘써 달라는 청탁과 함께 금원 및 각종 향응을 받은 경우에 직무관련성이 없다.32)

② 시 도시과 구획 정리계 측량기술원으로 근무하면서 다년간 환지측량 업무에 종사하게 된 결과 얻은 지식과 경험을 기초로 체비지에 관한 공개경쟁입찰에서 입찰예정가격이 대략 어느 정도 될 것이라고 추측한 내용을 알려 주고 이익을 약속한 경우에 직무관련성이 없다.33)

---

27) 대판 1989. 9. 12, 89도597
28) 대판 1985. 2. 8, 84도2625
29) 대판 1987. 9. 22, 87도1472
30) 대판 1997. 4. 17, 96도3377
31) 대판 1997. 12. 26, 97도2609
32) 대판 1999. 6. 11, 99도275
33) 대판 1983. 3. 22, 82도1922

③ 문교부의 편수국 공무원들이 교과서의 내용검토 및 개편수
정작업을 의뢰받고 그에 소요되는 비용을 받는 경우에 직
무관련성이 없다.[34]

④ 형사피고사건의 공판참여주사가 형량을 감경케 하여 달라는
청탁과 함께 금품을 수수한 경우에 직무관련성이 없다.[35]

⑤ 국립대학학장과 전임강사가 정원의 학생을 입학시켜 후원회
비를 받아 후생비로 분배한 경우에 직무관련성이 없다.[36]

⑥ 보안부대소속 치안본부연락관이 경찰서장에게 경찰공무원
의 승진을 부탁한 경우에 직무관련성이 없다.[37]

⑦ 국립대학교 교수가 부설연구소의 책임연구원의 지위에서 연
구소 자체가 수주한 어업피해조사용역 업무를 수행하다가
이와 관련하여 금품을 수수한 경우에 직무관련성이 없다.[38]

(3) 대가관계(對價關係)

① 공무원이 얻은 어떤 이익이 직무와 대가관계가 있는 부당한
이익으로서 뇌물에 해당하는지 여부는 당해공무원 직무의 내
용, 직무와 이익제공자와의 관계, 쌍방 간에 특수한 사적인
친분관계가 존재하는지의 여부, 이익의 다고, 이익을 수수한
경위와 시기 등의 제반 사정을 참작하여 결정하여야 할 것이
고, 공무원이 그 이익을 수수하는 것으로 인하여 사회일반인

---

34) 대판 1979. 5. 22. 78도296
35) 대판 1980. 10. 14. 80도1373
36) 대판 1953. 5. 16. 4285형상59
37) 대판 1983. 10. 11. 83도425
38) 대판 2002. 5. 31. 2001도670(수뢰죄를 인정하지 않고 배임수재죄를 인정함)

으로부터 직무집행의 공정성을 의심받게 되는지 여부도 뇌물
죄의 성부를 판단함에 있어서 판단의 기준이 된다.[39]

② 대가관계는 개개의 직무행위에 대해서 구체적으로 존재할
필요는 없고, 그 공무원의 직무에 관한 것이면 특정적·포
괄적인 것을 불문한다.[40]

③ 비록 정치자금·선거자금 등의 명목으로 이루어진 금품의
수수라 하더라도 정치인인 공무원의 직무행위에 대한 대가
로서의 실체를 가지는 한 뇌물성을 가진다.[41]

④ 결혼 축의금·경조부조금도 원칙적으로 뇌물성이 부정되나,
직무행위와 대가관계가 인정되면 뇌물죄가 된다.[42]

⑤ 직무행위의 대가로 금품을 수수한 이상 어떻게 사용했는가
는 문제가 되지 않고 뇌물죄가 된다. 따라서 뇌물을 수수한
공무원이 이를 공사현장의 인부들의 식사나 공사의 홍보비
등으로 소비했더라도 뇌물죄가 된다.[43]

⑥ 직무행위의 대가로 금품을 수수한 이상 어떻게 사용했는가
는 문제가 되지 않고 뇌물죄가 된다. 따라서 소속기관의 행
정소요비용에 충당했을 때라도 뇌물죄가 된다.[44]

⑦ 포괄적인 선처를 부탁하면서 이익을 수수한 때에도 대가관
계가 인정되어 뇌물죄가 된다.[45]

---

39) 대판 2007. 4. 27. 2005도4204
40) 대판 2000. 1. 21. 99도4940
41) 대판 1997. 12. 26. 97도2609. 대판 2001. 10. 12. 2001도3679
42) 1983. 7. 12. 83누262
43) 대판 1961. 1. 31. 4293형상942. 대판 1966. 7. 19. 66도718. 대판 1982. 9. 28. 82
도1656. 대판 1985. 5. 14. 83도2050
44) 대판 1984. 2. 14. 83도3218

(4) 이익(利益)의 불법(不法)·부정성(不正性)

① 직무 이외의 행위에 대한 보수를 받는 것은 공직자의 겸직 의무에는 위배될지라도 뇌물죄는 해당되지 않는다. 따라서 공무원이 개인자격으로 외국상인을 만나 문제를 해결해 주고 금품을 수수한 경우에 뇌물죄가 되지 않는다.[46]

② 직무 이외의 행위에 대한 보수를 받는 것은 공직자의 겸직 의무에는 위배될지라도 뇌물죄는 해당되지 않는다. 따라서 구청 건축과 직원이 건축물구조계산 용역을 위촉받아 그 일을 해 주고 대가를 수수한 경우에 뇌물죄가 되지 않는다.[47]

(5) 선물(膳物)과 뇌물(賂物)의 구별

① 직무와 대가관계가 인정되면 사교적 의례의 선물도 뇌물이 되지만, 금액이 사회 관습상 용인되는 정도에 머무른 경우에는 사회상규에 위배되지 않는 행위로서 위법성이 조각되어 뇌물죄로 처벌받지 않는다. 사교적 의례에 속하면 뇌물죄가 되지 않는다.[48]

② 단순한 사교적 선물이라도 직무와의 대가관계가 인정되는 때에는 금액이 적더라도 사교적 의례에 속하지 않고 뇌물죄가 된다.[49] 대가관계가 없는 경우는 상여금·특별수당·여비·

---

45) 대판 1984. 4. 10. 82도766
46) 대판 1984. 4. 10. 82도766
47) 대판 1980. 2. 26. 79도31
48) 대판 1955. 6. 7. 4288형상129
49) 대판 1984. 4. 10. 83도1499, 대판 2001. 10. 12. 2001도3579(교사가 학부모로부터 받은 소액의 촌지도 사교적 예의의 명목이더라도 뇌물죄가 된다는 대구지법 1999. 11. 10. 99고합504도 같은 입장이다.)

수수료와 같은 법령상의 보수나 추석·연말의 사교적 선물과 은사에 대한 명절선물이나 주례에 대한 감사선물 등이다.

③ 모친회갑축의금으로 20,000원을 받은 경우,[50] 결혼축의금으로 50,000원 또는 10만 원을 받은 경우,[51] 사적 친분관계에 기초한 것,[52] 45,000원 상당의 식사는 사교적 의례에 속하므로 뇌물죄가 되지 않는다.

④ 그러나 양주 등 고가품의 술, 본봉보다 많은 금원을 2회 받은 경우[53]에는 금액 자체로 보아서도 사교상의 의례적인 범위에서 벗어나 대가가 큰 경우에는 대가관계가 있어 뇌물죄가 된다. 따라서 경조부조금 명목의 금품수수(50만 원)라도 개인적 친분관계가 아니고 직무행위와 대가관계가 인정되면 뇌물죄가 된다.[54]

⑤ 검찰서기의 처에게 폭행사건을 관대히 처리해 달라고 금 430원 상당의 과자와 소고기를 사다 준 경우,[55] 노동청 해외 근로국장이 국외송출을 부탁받고 70,000원 상당의 접대를 받는 경우[56] 등에서는 비록 그 규모가 크지 않았다 하더라도 그 사유만으로 이를 단순한 사교적 의례의 범위에 속하는 향응에 불과한 것으로 볼 수 없어 뇌물죄로 처벌받았다.

⑥ 공개된 장소에서의 금품수수 및 금액이 소액일지라도 뇌물죄가 된다.[57]

---

50) 대판 1977. 11. 8, 77도231
51) 대판 1982. 9. 14, 81도2774
52) 대판 1985. 3. 12, 83도150
53) 대판 1979. 5. 22, 79도303
54) 대판 1983. 7. 12, 83누262
55) 대판 1968. 10. 8, 68도1066
56) 대판 1984. 4. 10, 83도1499

(6) 이익(利益)

① 뇌물의 내용인 이익이란 사람의 수요·욕망을 충족시켜 줄
수 있는 일체의 유형이익·무형이익을 말하며, 재산적 이
익·비재산적도 포함한다. 따라서 차용금명목의 금원,[58] 양
복 등 물품,[59] 금전소비대차계약에 의한 금융이익,[60] 향응제
공,[61] 임차금 명목의 금원,[62] 조합아파트 가입권에 붙은 프
리미엄,[63] 재개발주태조합의 조합장이 그 재직 중 고소하거
나 고소당한 사건의 수사를 담당한 경찰관에게 액수미상의
프리미엄이 예상되는 그 조합아파트 1세대를 분양해 준 경
우,[64] 공무원이 뇌물로 투기적 사업에 참여할 기회를 제공
받는 경우,[65] 은행대출금채무에 연대보증하게 한 행위,[66] 이
성 간의 정교, 취업알선, 해외여행, 골프회원권, 보증 또는
담보의 제공, 채무의 변제, 장물 등도 이익에 해당된다.

② 이익은 제공 당시 현존하거나 확정적일 필요는 없으므로 장
차 기대할 수 있는 기대이익이거나 조건부이익이라도 무방
하다. 따라서 장래 시가앙등이 예상되는 주식을 액면가로 매

---

57) 대판 1982. 9. 28, 82도1656
58) 대판 1968. 9. 6, 68도998, 대판 1977. 6. 7, 76도3662
59) 대판 1959. 6. 12, 4290형상380
60) 대판 1977. 9. 28, 76도2607
61) 대판 1955. 3. 4, 4285형상114, 대판 1963. 2. 7, 62도270, 대판 1967. 10. 31, 67도
1123
62) 대판 1968. 9. 6, 68도998
63) 대판 1992. 12. 22, 92도1762
64) 대판 2002. 11. 26, 2002도3539
65) 대판 2002. 5. 10, 2002도2251
66) 대판 2001. 1. 5, 2000도4714

수하거나,[67] 체비지의 지분을 낙찰원가에 매수한 경우,[68] 향후 전원주택지로 개발이 되면 가격이 많이 상승할 것으로 기대되는 토지와 교환하는 것[69] 등이다.

(7) 뇌물(賂物)의 몰수(沒收)와 추징(追徵) 대상(對象)

① 뇌물을 요구만 한 경우에는 몰수할 수 없다.[70] 행위자가 일방적으로 뇌물을 요구한 때에는 아직 뇌물에 공할 금품이나 이익이 없는 경우이기 때문이다.

(8) 뇌물의 몰수와 추징 상대방(相對方)

① 수뢰자가 뇌물을 보관하다가 증뢰자에게 반환한 경우에는 증뢰자로부터 몰수·추징한다.[71]

② 수뢰자가 수수한 뇌물을 소비하고 같은 금액을 증뢰자에게 반환했거나,[72] 수수한 수표를 소비하고 그 금액을 증뢰자에게 반환한 경우[73]에는 뇌물 그 자체를 반환한 것이 아니므로 이를 몰수할 수 없고, 수뢰자로부터 추징해야 한다.

③ 수수한 돈을 은행에 예치한 후에 같은 금액의 돈을 반환한 때에도 뇌물 자체가 증뢰자에게 귀속한 것이 아니므로 수뢰자로부터 추징해야 한다.[74]

---

67) 대판 1979. 10. 10. 78도1793
68) 대판 1994. 11. 4. 94도129
69) 2001. 9. 18. 2000도5438
70) 대판 1982. 2. 28. 83도2783
71) 대판 1984. 2. 28. 83도2783
72) 대판 1986. 10. 14. 86도1189
73) 대판 1999. 1. 29. 98도3584
74) 대판 1970. 4. 14. 69도2461. 대판 1985. 9. 10. 85도1350

④ 수뢰한 돈을 같이 근무하는 직원들의 숙박비·차량운영비 등
  으로 소비했더라도 수뢰자로부터 가액을 추징해야 한다.[75]

⑤ 수뢰한 뇌물을 다른 공무원에게 공여한 것도 수뢰한 뇌물
  을 소비하는 한 가지 방법이므로 제1수뢰자로부터 추징해
  야 한다.[76]

(9) 뇌물의 몰수와 추징 방법(方法)

① 공동으로 수수한 때에는 각자가 실제로 분배받은 금품을 몰
  수·추징해야 한다.[77]

② 공동으로 수수한 때에 분배율이 불분명하면 평등하게 몰
  수·추징한다.[78]

③ 피고인이 증뢰자와 함께 향응을 하고 증뢰자가 이에 소요되
  는 금원을 지출한 경우 이에 관한 피고인의 수뢰액을 인정
  함에 있어서는 먼저 피고인의 접대에 요한 비용과 증뢰자가
  소비한 비용을 가려내어 전자의 수액을 가지고 피고인의 수
  뢰액으로 하여야 하고 만일 각자에 요한 비용액이 불명일
  때에는 이를 평등하게 분할한 액을 가지고 피고인이 수뢰액
  으로 인정하여야 할 것이고, 피고인이 향응을 제공받는 자리
  에 피고인 스스로 제3자를 초대하여 함께 접대를 받은 경우
  에는 그 제3자가 피고인과는 별도의 지위에서 접대를 받는
  공무원이라는 등의 특별한 사정이 없는 한 그 제3자의 접대

---

75) 대판 1970. 12. 22, 70도2250
76) 대판 1986. 11. 25, 86도1951
77) 대판 1993. 10. 12, 93도2056
78) 대판 1975. 4. 22, 73도1963

에 요한 비용도 피고인의 접대에 요한 비용에 포함시켜 피
고인의 수뢰액으로 보아야 한다.[79]

(10) 추징가액산정(追徵價額算定)의 기준시기(基準時期)

① 뇌물의 추징가액을 산정하는 기준시기를 몰수는 부가형이라
는 점과 피고인의 이익도 고려해야 한다는 점에서 판결선고
시설이 타당하다.[80]

(11) 뇌물죄에 대한 특별법(特別法)

① 정부관리기업체의 간부직원을 형법 제129조 내지 제132조의
적용에 있어 공무원으로 간주하고 있다. 따라서 농협중앙회간
부를 뇌물죄의 적용에 있어서 공무원으로 의제할 수 있다.[81]

[4] 단순수뢰죄(單純收賂罪, 제129조 1항)

(1) 공무원(公務員)

① 법령에 의하여 국가·지방자치단체 또는 공공단체의 사무에
종사하는 자로서 그 직무의 내용이 단순한 내용이 기계적·
육체적인 것에 한정되어 있지 않은 자를 말한다.[82]

② 정부관리기업체의 간부직원(특가법 제4조), 지방공사와 지방공

---

79) 2001. 10. 12. 99도5294

80) 대판 1991. 5. 28. 91도352(몰수의 취지가 범죄에 의한 이익박탈을 목적으로 하는 것이고
추징도 이러한 몰수의 취지를 관철하기 위한 것이라는 점을 고려하면 몰수하기 불능한 때에
추징하여야 할 가액은 범인이 그 물건을 보유하고 있다가 몰수의 선고를 받았더라면 잃었을
이득상당액을 의미한다고 보아야 할 것이므로 그 가액산정은 재판선고 시의 가격을 기준으로
할 것이다.)

81) 대판 2007. 11. 30. 2007도6556

82) 대판 1978. 4. 25. 77도3709

단의 임·직원(지방공기업법 제83조)은 본죄와 관련해서는 공무
원으로 의제된다. 중앙약사심의위원회 소분과위원회 위원으
로 위촉된 사람,[83] 시·구 도시계획위원회의 위원,[84] 지방
의회의원,[85] 시의회 의장,[86] 학교환경위생정화위원회의 위
원,[87] 세무 수습 행정원,[88] 기한부로 채용된 공무원,[89] 세관
장이 관세법규정에 따라 채용한 특채판사[90] 등도 여기의 공
무원에 해당한다.

(2) 수수(收受)

① 영득의 의사로 뇌물을 취득하는 것을 말한다. 유형의 재물은
점유취득, 무형의 이익은 현실로 받은 때에 수수가 된다. 수
수의 동기나 수수한 뇌물의 용도 여부는 불문한다.[91]

② 개인의 용도이건 부대의 행정소요비용에 충당하였건 뇌물수
수에 영향이 없다. 수수장소가 비밀장소일 필요도 없다.[92]

③ 뇌물인지 모르고 이를 수수하였다가 뇌물임을 알고 즉시 반
환하거나, 증뢰자가 일방적으로 뇌물을 두고 가므로 후일 기
회를 보아 반환할 의사로 어쩔 수 없이 일시 보관하다가 반

---

83) 대판 2002. 11. 22, 2000도4593
84) 대판 1997. 6. 13, 96도1703
85) 대판 1997. 3. 11, 96도1258
86) 대판 1996. 11. 15, 95도1114
87) 대판 1971. 10. 19, 71도1113
88) 대판 1961. 12. 14, 4294형상99
89) 대판 1971. 10. 19, 71도1113
90) 대판 1958. 5. 30, 4291형상208
91) 대판 1984. 2. 14, 83도3218
92) 대판 1996. 6. 14, 96도865

환하는 등 그 영득의 의사가 없었다고 인정되는 경우라면 뇌물을 수수하였다고 할 수 없겠지만, 피고인이 먼저 뇌물을 요구하여 증뢰자가 제공하는 돈을 받았다면 피고인에게는 받은 돈 전부에 대한 영득의 의사가 인정된다고 하지 않을 수 없고, 이처럼 영득의 의사로 뇌물을 수령한 이상 그 액수가 피고인이 예상한 것보다 너무 많은 액수여서 후에 이를 반환하였다고 하더라도 뇌물죄는 성립한다.[93]

④ 수수는 직무집행 전후를 불문하며, 수수 시에 상사의 승낙이 있었더라도 뇌물죄가 성립한다.[94]

⑤ 뇌물수수죄는 뇌물을 수수한 때에 기수가 된다.[95]

⑥ 관세포탈의 공범들 사이에 금품수수가 있었다 하여도 이는 그들 간의 방법으로 생긴 이익분배에 지나지 않고 새로이 뇌물수수죄나 배임수재죄가 될 수 없다.[96]

⑦ 피고인에게 뇌물로 제공되었다는 자동차는 리스차량으로 리스회사 명의로 등록되어 있고, 피고인이 처분승낙서·권리확인서 등 원하는 경우 소유권이전을 할 수 있는 서류를 소지하고 있지도 아니하며, 리스계약상 리스계약이 기간만료 또는 리스료 연체료 종료되어 리스회사에서 위 승용차의 반환을 구하는 경우 피고인은 이에 응할 수밖에 없어 피고인에게 위 승용차에 대한 실질적 처분권이 있다고 할 수 없어 자동차 자체를 뇌물로 수수한 것으로 볼 수 없다.[97]

---

93) 대판 2007. 3. 29. 2006도9182
94) 대판 1955. 10. 18. 4288형상235
95) 대판 1968. 1. 12. 68도47
96) 대판 1980. 2. 26. 79도3095

⑧ 서울대학교 의과대학 교수 겸 서울대학교병원 의사가 구치소로 왕진을 나가 진료하고 진단서를 발행해 주거나 법원의 사실조회에 대하여 회신을 해 주었고, 이러한 일련의 구속집행정지와 관련한 과정에서 사례금 명목으로 4회에 걸쳐 합계 1,500만 원을 받은 것은 의사로서의 진료업무이지 교육공무원인 서울대학교 의과대학 교수인 직무와 밀접한 관련이 있는 행위라고 할 수 없어 뇌물수수죄가 성립하지 않는다.[98]

⑨ 공무원이 공사업자 등과 적정한 금액 이상으로 계약금액을 부풀려서 계약하고 그만큼 되돌려 받기로 사전에 약정한 다음 그에 따라 수수한 돈은 성격상 뇌물이 아니고 횡령죄에 해당한다.[99]

⑩ 공무원이 뇌물로 투기사업에 참여할 기회를 제공받은 경우, 뇌물수수죄의 기수 시기는 투기적 사업에 참여하는 행위가 종료된 때로 보아야 하며, 그 행위가 종료된 후 경제사정의 변동 등으로 인해 당초의 예상과 달리 그 사업 참여로 인한 아무런 이득을 얻지 못한 때라도 뇌물수수죄가 성립한다.[100]

---

97) 대판 2006. 4. 27. 2006도735

98) 대판 2006. 6. 15. 2005도1420

99) 대판 2007. 10. 12. 2005도7112(공무원이 관공서에서 필요한 공사의 시행이나 물품의 구입을 위하여 수의계약을 체결하면서 해당 공사업자 등으로부터 돈을 수수한 경우 그 돈의 성격을 공무원의 직무와 관련하여 수수된 뇌물로 볼 것인지, 아니면 적정한 금액보다 과다하게 부풀린 금액으로 계약을 체결하기로 공사업자 등과 사정 약정하여 이를 횡령(국고손실)한 것으로 볼 것인지 여부는 돈을 공여하고 수수한 당사자들의 의사, 해당계약 자체의 내용 및 성격, 계약금액과 수수된 금액 사이의 비율, 수수된 돈 자체의 액수, 그 계약이행을 통해 공사업자 등이 취득할 수 있는 적정한 이익, 공사업자 등이 공무원으로부터 공사대금 등을 지급받은 시기와 돈을 공무원에게 교부한 시간적 간격, 공사업자 등이 공무원에게 교부한 돈이 공무원으로부터 지급받은 바로 그 돈인지 여부, 수수한 장소 및 방법 등을 종합적으로 고려하여 객관적으로 평가하여 판단해야 할 것이다.)

100) 대판 2002. 5. 10. 2000도2251

(3) 요구(要求)

① 요구란 뇌물을 취득할 의사로 상대방에게 그 교부를 청구하는 것을 말하는데, 공무원 측의 일방적 청구가 있으면 충분하며, 상대방이 이에 응하였는가는 문제가 되지 않는다. 요구가 있으면 족하고 현실로 교부까지는 필요가 없다. 따라서 요구가 있으면 기수가 되고, 요구하여 수수한 때에는 포괄하여 수수죄 1개만 성립한다. 공무원이 먼저 뇌물을 요구해 돈을 받았다면 그 금액이 생각했던 것보다 많아 돌려줬더라도 받은 돈 전부에 대한 뇌물죄가 성립한다.[101]

(4) 약속(約束)

① 약속이란 양 당사자 사이에 뇌물의 수수를 합의하는 것을 말하는데, 후일 이익의 수수가 약속되면 충분하므로 객체인 이익이 약속 당시에 있을 필요는 없고, 기대할 수 있으면 족하다. 가액·이행기가 확정될 필요도 없다.[102]

(5) 주관적 요건(主觀的 要件)

① 직무에 대해 뇌물을 수수·요구 또는 약속한다는 사실에 대한 인식·의사이다. 직무대가에 대한 인식도 필요하며, 미필적 고의로도 족하다. 따라서 자기도 모르는 사이에 돈뭉치를 놓고 간 것을 발견하고 연락하여 반환했다거나,[103] 택시를 타고 떠나려는 순간 뒤쫓아 와서 돈뭉치를 창문으로 던져

---

101) 대판 2007. 3. 29, 2006도9182
102) 대판 1981. 8. 20, 81도698
103) 대판 1978. 1. 31, 77도3755

넣고 가 버려 의족을 한 불구의 몸으로 도저히 뒤따라가 돌려줄 방법이 없어 부득이 그대로 귀가했다가 다음 날 바로 다른 사람을 시켜 이를 반환한 경우[104]에는 뇌물수수에 대한 의사가 없는 것으로 사료되어 뇌물죄가 성립하지 않는다.

② 사례금조로 교부받은 자기앞 수표를 은행에 예치했다가 2주 후에 반환한 경우,[105] 부하직원으로부터 승진청탁과 함께 돈을 받은 후 반환할 기회가 있었음에도 불구하고 반환하지 않다가 그 돈을 사용한 뒤 6개월이 지난 후에 반환한 경우[106]에는 뇌물수수의 고의를 인정하였다.

(6) 죄수(罪數)

① 뇌물을 요구·약속한 뒤 수수한 경우에는 포괄하여 수수죄 1개만 성립한다. 동일인으로부터 같은 이유로 수회 수뢰한 경우는 수뢰의 포괄일죄가 된다.[107]

② 수개의 수뢰행위가 각 다른 직무행위의 대가인 경우에는 경합범이 된다.[108]

(7) 공갈죄(恐喝罪)와의 관계

① 공무원이 직무집행의사로 직무에 관하여 상대방을 공갈하여 뇌물을 수수하면 뇌물죄와 공갈죄의 상상적 경합이 된다. 그러나 직무집행의사 없이 또는 직무처리와 대가관계 없이 타

---

104) 대판 1979. 7. 10. 79도1124
105) 대판 1984. 4. 10. 83도1499
106) 대판 2001. 10. 12. 2001도3579
107) 대판 2000. 1. 21. 99도4940
108) 대판 1985. 7. 9. 85도720

인을 공갈하여 재물의 교부를 받으면 공갈죄만 성립하고 뇌
물수수죄는 성립하지 않고, 피공갈자에게는 뇌물공여죄가
성립하지 않는다.[109]

(8) 사기죄(詐欺罪)와의 관계

① 뇌물수수에 있어서 공무원이 공여자를 기망한 때에도 본죄
가 성립한다.[110]

② 공무원이 직무에 관하여 타인을 기망하여 재물을 교부를 받
으면 뇌물죄와 사기죄의 상상적 경합이 된다.[111]

[5] 사전수뢰죄(事前收賂罪, 제129조 2항)

(1) 행위(行爲)

① 청탁이란 장래 직무와 관련된 일정한 행위를 해 줄 것을 의
뢰하는 것을 말하는데, 청탁받은 직무행위가 부정할 것을 요
하지 않는다. 청탁은 명시적·묵시적을 불문한다.[112]

[6] 제3자 뇌물공여죄(第3者賂物供與罪, 제130조)

(1) 부정한 청탁(不正한 請託)

① 청탁(請託)이 위법·부당한 직무집행을 내용으로 하는 경우
는 물론, 비록 청탁의 대상이 된 직무집행 자체는 위법·부

---

109) 대판 1994. 12. 22. 94도2528
110) 대판 1985. 2. 8. 84도2625
111) 대판 1977. 6. 7. 77도1069
112) 대판 1999. 7. 23. 99도1911

당한 것이 아니더라도 당해 직무집행을 어떤 대가관계와 연결시켜 그 직무집행에 관한 대가의 교부를 내용으로 하는 청탁이라면 부정한 청탁에 해당된다. 따라서 공정거래위원회 위원장인 피고인이 이동통신회사가 속한 그룹의 구조조정본부장으로부터 당해 이동통신회사의 기업결합심사에 대해 선처를 부탁받으면서 특정사찰에의 시주를 요청하여 시주금을 제공케 하였다면 뇌물을 제공받은 자가 종교단체이거나 시주금이 세법상 적법한 방법으로 처리되었다고 하더라도 제3자 뇌물수수죄의 죄책을 진다.[113]

(2) 제3자(第3者)

① 제3자란 행위자와 공동정범 이외의 사람을 말하는데, 사회통념상 제3자가 받은 것을 공무원이 직접 받은 것과 같이 평가할 수 있는 관계가 있는 경우에는 단순수뢰죄가 성립한다.[114]

(3) 뇌물공여(賂物供與) 또는 공여요구(供與要求)·약속(約束)

① 산악회 지부가 사업자로부터 등반대회 행사용 수건을 교부받은 것을 산악회 지부의 고문으로 있는 군수가 이를 교부받은 것과 동일시하기에는 부족하므로 형법 제129조 1항의 뇌물수수죄가 성립하지 않는다.[115]

② 공무원이 실질적인 경영자로 있는 회사가 청탁명목의 금원

---

113) 대판 2006. 6. 15. 2004도3424

114) 대판 2002. 4. 9. 2001도7066, 대판 1998. 9. 22. 98도1234(따라서 처 기타 생활이익을 같이하는 가족은 물론 공무원의 심부름꾼 또는 대리인이 뇌물을 수수하는 경우에는 여기의 제3자가 될 수 없다.)

115) 대판 2002. 4. 9. 2001도7056

을 회사명의의 예금계좌로 송금받은 경우에 사회통념상 위 공무원이 직접 받은 것과 같이 평가할 수 있어 뇌물수수죄가 성립한다.[116]

[7] 수뢰후부정처사죄(收賂後不正處事罪, 제131조 1항)

(1) 의의(意義) 및 성격(性格)

① 수뢰후부정처사죄는 공무원 또는 중재인이 단순수뢰죄(제129조 1항)·사전수뢰죄(제129조 2항)·제3자 뇌물공여죄(제130조)를 범하여 부정한 행위를 할 때 성립하는 범죄인데, 이에 해당하는 경우에는 특가법 제2조가 적용된다.[117]

(2) 부정한 행위(不正한 行爲)

① 부정한 행위란 직무에 위배하는 일체의 행위를 말하는 것으로서 직무행위 자체는 물론 그것과 객관적으로 관련이 있는 행위까지를 포함한다.[118]

② 부정한 행위는 작위는 물론 부작위에 의해서도 가능한데, 수사기록의 일부를 파기하는 것도 부정한 행위가 된다.[119]

---

116) 대판 2004. 3. 26. 2003도8077

117) 대판 1969. 12. 9. 69도1288

118) 대판 2003. 6. 13. 2003도1060(경찰서 교통계에 근무하고 있어 도박범행의 수사 등에 관한 구체적인 사무를 담당하고 있지 않더라도 범죄를 예방하거나 진압하고 수사하여야 할 일반적 직무권한을 가진 경찰관이 도박장 개설 및 도박범행을 묵인하고 편의를 봐주는 데 대한 사례비 명목으로 금품을 수수한 경우라든지, 도박장개설 및 도박범행사실을 잘 알면서 이를 단속하지 않은 것은 수뢰후부정처사죄가 된다. 다만, 직무위반행위일 것을 요하므로 사적 행위에 대해서까지 부정행위가 있어도 본죄가 성립하지 않는다.)

119) 대판 1958. 9. 12. 4291형상271(부정한 작위행위로는 입찰업무의 종사자가 최고·최저 가격의 내력을 응찰자에게 내시하거나, 세금을 면탈케 하는 경우이고, 부정한 부작위행위로는 의원이 의사장에 출석하지 않거나, 증거품의 압류를 중지하거나, 범죄를 묵인하는 경우를 말한다.)

③ 시험정리원으로서 그 직무에 관련하여 A로부터 돈을 받고
그 직무상 지득한 구술시험문제 중에서 일부를 A에게 알린
것은 공무상 비밀누설인 동시에 형법 제131조의 부정한 행
위를 한 때에 해당한다.[120]

④ 공무원이 실질적인 경영자로 있는 회사가 청탁명목의 금원
을 회사명의의 예금계좌로 송금받은 경우에 사회통념상 위
공무원이 직접 받은 것과 같이 평가할 수 있어 뇌물수수죄
가 성립한다.[121]

⑤ 과세대상에 관한 규정이 명확하지 않고 그에 관한 확립된
선례도 없었던 경우, 공무원이 주식회사로부터 뇌물을 받은
후 관계법령에 대한 충분한 연구·검토 없이 회사에 유리한
쪽으로 법령을 해석하여 감액처분을 했더라도 그것이 위법
하지 않으면 부정한 행위를 한 것이 아니므로 수뢰후부정처
사죄가 되지 않는다.[122]

(3) 타죄(他罪)와의 관계

① 단순수뢰죄·사전수뢰죄·제3자 뇌물공여죄와 본죄의 관계
는 법조경합 중 특별 관계이므로 뇌물을 수수한 후 부정한
행위를 하면 수뢰후부정처사죄만 성립한다. 부정한 행위가
동시에 허위공문서 작성죄·공문서위조죄나 그 행사죄·횡

---

120) 대판 1970. 6. 30. 70도562

121) 대판 2004. 3. 26. 2003도8077(형법 제131조 1항은 공무원 또는 중재인이 형법 제129
조·제130조의 죄를 범한 후에 부정한 행위를 한 때에 가중 처벌한다는 규정이므로, 형법
제131조 1항의 죄를 범한 자는 특정범죄가중처벌등에관한법률 제2조 1항 소정의 형법 제
129조·제130조에 규정된 죄를 범한 자에 해당된다.)

122) 대판 1995. 12. 12. 95도2320

령죄·배임죄 등에 해당할 때는 본죄와 상상적 경합이 된
다. 따라서 금품을 받고 예비군훈련에 불참한 자를 참석한
것처럼 허위공문서를 작성한 경우에 허위공문서작성죄와 수
뢰후부정처사죄 간에 상상적 경합이 된다.[123)

② 수뢰후부정처사죄에 있어서 공무원이 수뢰 후 행한 부정행
위가 공도화변조 및 동 행사죄와 같이 보호법익을 달리하는
별개 범죄의 구성요건을 충족하는 경우에는 수뢰후부정처사
죄 외에 별도로 공도화변조 및 동 행사죄가 성립한다. 그리
고 이들 죄와 수뢰후부정처사죄는 각각 상상적 경합관계가
있다. 이와 같이 공도화변조죄와 동 행사죄가 수뢰후부정처
사죄와 각각 상상적 경합범 관계에 있을 때에는 공도변조죄
와 동 행사죄 상호 간은 실체적 경합범 관계에 있다고 할지
라도 상상적 경합범 관계에 있는 수뢰후부정처사죄와 대비
하여 가장 중한 죄에 정한 형으로 처단하면 족하다. 따라서
따로 경합범 가중을 할 필요가 없다(연결효과에 의한 상상
적 경합).[124)

[8] 부정처사후수뢰죄(不正處事後收賂罪, 제131조 2항)

(1) 성격(性格)

① 현재 공무원 또는 중재인의 지위에 있는 자가 먼저 부정한
행위를 한 후에 뇌물을 수수·요구 또는 공여요구 등을 한

---

123) 대판 1983. 7. 26. 83도1378
124) 대판 2001. 2. 9. 2000도1216

다는 점에서 수뢰후부정처사죄에 대응되는 죄이다. 본죄는 부정행위와 뇌물죄가 결합되어 형이 가중되는 경우이므로 부정처사후수뢰죄와 수뢰후부정처사죄를 합해 가중수뢰죄라고 한다.[125]

② 사단법인 한국컴퓨터산업중앙회의 이사이자 그 경상남도지회의 지회장인 피고인이 컴퓨터게임장 업주인 A에게 점검필유기기구확인표시증 50여 매를 함부로 교부해 주고 그 사례로 금 20만 원을 교부받은 경우 부정처사후수뢰죄가 성립한다.[126]

③ 사건을 잘 보아 달라는 청탁을 받고 불리하게 되어 있는 기존의 각 조서를 파기 소각하는 부정을 한 후 금원을 수수한 행위에 대해서는 형법 제131조 2항을 적용해야 하고 제129조 1항을 적용한 것은 잘못이다.[127]

④ 세관 감시과 소속 감시반의 운전 사무에 종사하는 자가 밀수품을 운반하여 주고 금원을 받았다 하더라도 가중수뢰죄를 구성하지 않는다.[128]

[9] 사후수뢰죄(事後收賂罪, 제131조 3항)

(1) 재직(在職) 중 부정행위(不正行爲)

① 본죄는 공무원 또는 중재인이었던 자가 그 재직 중에 청탁

---

125) 대판 1959. 8. 28. 4291형상482
126) 대판 1999. 7. 23. 99도390
127) 대판 1958. 9. 12. 58도271
128) 대판 1959. 8. 28. 4291형상482

을 받고 직무상 부정한 행위를 한 후 뇌물을 수수·요구 또는 약속함으로써 성립하는 범죄이므로, 재직 중에 정당한 행위를 하고서 퇴직 후에 뇌물을 수수·요구·약속하는 경우에는 사후수뢰죄가 성립하지 않는다. 정당한 행위를 한 경우라도 재직 중에 뇌물을 수수·요구·약속하면 단순수뢰죄가 되기 때문이다. 또한 부정행위를 한 공무원이 그 후 퇴직했다가 다시 동일한 직무에 취임한 후 퇴직 전의 직무위배행위에 관해서 뇌물을 수수 또는 제3자에게 공여하게 한 경우에는 수뢰 행위 시 현직에 있었기 때문에 부정처사후수뢰죄가 성립한다. 따라서 공사의 입찰업무를 담당하고 있는 장교가 비밀로 하여야 할 그 공사의 입찰예정가격을 응찰자에게 미리 알려 준 소위는 직무에 위배되는 행위로서 형법 제131조 2항의 부정한 행위에 해당하므로 입찰이 끝난 후 20여 일이 경과한 후 전속 시의 전별금 명목으로 금원을 받았다 하더라도 이는 직무행위의 부정행위와 관련된 금품의 수수에 해당하므로 사후수뢰죄를 구성한다.[129)]

② 특정범죄가중처벌등에관한법률 제5조 소정의 배임에 의한 국고손실죄의 공동정범인 공무원이 다른 공범으로부터 그 범행에 의하여 취득한 금원의 일부를 받은 경우, 그 금원의 성격은 그 성질이 공동정범들 사이의 내부적 이익분배에 불과한 것이고 별도로 뇌물수수죄(사후수뢰죄)가 성립되지 않는다.[130)]

129) 대판 1983. 4. 26. 82도2095
130) 대판 1997. 2. 25. 94도3346

[10] 알선수뢰죄(斡旋收賂罪, 제132조)

(1) 주체(主體)

① 본죄의 주체는 공무원에 한정된다. 다만, 공무원이 자신의
지위를 이용하였을 것을 요하므로 단순히 공무원의 신분만
으로는 부족하다. 따라서 직무를 처리하는 공무원과 직무상
직접·간접의 연관관계를 가지고 법률상 또는 사실상 영향
을 미칠 수 있는 공무원이라야 한다.[131]

② 공무원의 지위 고하는 불문한다.[132]

③ 다른 공무원에 대한 임면권이나 직접 압력을 가할 수 있는
법적 근거도 필요치 않는다.[133]

(2) 행위에서 지위(地位)를 이용하여 영향력을 미칠 수 있는 경우

① '지위를 이용하여'란 영향력을 미칠 수 있는 공무원이 그의
지위나 신분을 이용하는 것을 말하는데, 단순히 사적 관계
를 이용하거나, 지위를 이용하지 않은 개인자격의 부탁, 지
위와 무관한 사항을 교섭하고 금품을 수수한 때에는 알선수
뢰죄가 성립하지 않는다.[134]

② 알선수뢰죄는 공무원이 그 지위를 이용하여 다른 공무원의
직무에 속한 사항의 알선에 관하여 뇌물을 수수·요구 또는
약속하는 것을 그 성립요건으로 하고 있고, 여기서 '공무원
이 그 지위를 이용하여'라 함은 친구·가족관계 등 사적인

---

131) 대판 1982. 6. 8. 82도404
132) 대판 1970.10. 30. 70도1586
133) 대판 1961. 1. 30. 4293형상942
134) 대판 2006. 4. 27. 2006도735

관계를 이용하는 경우에는 이에 해당할 수 없으나, 다른 공
무원이 취급하는 사무의 처리에 법률상이거나 사실상으로
영향을 줄 수 있는 관계에 있는 공무원이 그 지위를 이용하
는 경우에는 이에 해당하고, 그 사이에 상하관계·협동관
계·감독관계 등의 특수한 관계가 있음을 요하지 않는다.[135]

③ 법원장은 예하법관의 직무에 관하여 지위를 이용할 수 있는
관계에 있다고 하였다.[136]

④ 병무청 심리연구사보는 병무담당자의 직무에 대하여 지위를
이용할 수 있는 관계에 있다고 하였다.[137]

⑤ 상공부 상역국 상정과 행정계장은 상공부 상역국 수입과 제
2계 등에서 영주귀국자의 자동차재산반입 허가를 담당하는
공무원의 직무에 관하여 지위를 이용할 수 있는 관계에 있
다고 하였다.[138]

⑥ 육군참모총장의 수석부관은 장교의 진급업무에 관하여 지위
를 이용할 수 있는 관계에 있다고 하였다.[139]

⑦ 군 교육청 관리과 서무계장은 초등학교 교장의 고용원 임용
에 관한 업무에 대하여 지위를 이용할 수 있는 관계에 있다
고 하였다.[140]

⑧ 노동부 노동대책과장이 연예인 국외 공급 사업에 관하여 지

---

135) 대판 2001. 10. 12, 99도5294, 대판 1999. 6. 25, 99도1900, 대판 1995. 1. 12, 94
　　도2687, 대판 1994. 10. 21, 94도852, 대판 1992. 7. 13, 93도1056
136) 대판 1956. 3. 2, 4288형상179
137) 대판 1969. 8. 26, 69도1120
138) 대판 1971. 3. 31, 70도2743
139) 대판 1982. 6. 8, 82도403
140) 대판 1988. 1. 19, 86도1138

위를 이용할 수 있는 관계에 있다고 하였다.[141]

⑨ 서울시 부시장의 비서관으로 재직하는 자는 체비지 불하업
무를 취급하는 시청 관재과 소속 공무원들의 직무에 대하여
지위를 이용할 수 있는 관계에 있다고 하였다.[142]

⑩ 다른 세무서에서 징세계장으로 근무하던 전임 징세계장이
후임 징세계장의 직무에 관하여 지위를 이용할 수 있는 관
계에 있다고 하였다.[143]

⑪ 구청 지역경제과 지역경제계장은 자신이 직전에 계장으로
근무하였던 지적과 지적계의 담당직원들의 직무에 대하여
지위를 이용할 수 있는 관계에 있다고 하였다.[144]

⑫ 국회의원은 한국마사회장의 직무에 대하여 지위를 이용할
수 있는 관계에 있다고 하였다.[145]

⑬ 이전에 시청 공단관리계의 전임계장이었고 범행 당시에는
같은 시청 지방세의 세외수입계장으로 근무하고 있던 자는
동 시청 공단관리계의 후임계장의 직무에 대하여 지위를 이
용할 수 있는 관계에 있다고 하였다.[146]

⑭ 경찰국 면허계에서 근무한 적이 있는 경찰서 수사과 수사계
장이 자동차운전면허 발급담당 공무원의 직무에 대하여 지
위를 이용할 수 있는 관계에 있다고 하였다.[147]

---

141) 대판 1989. 9. 12. 89도1297
142) 대판 1989. 11. 14. 89도1700
143) 대판 1989. 12. 26. 89도2018
144) 대판 1990. 7. 27. 90도890
145) 대판 1990. 8. 10. 90도665
146) 대판 1993. 7. 13. 93도1056
147) 대판 1995. 1. 12. 94도2687

⑮ 육군본부 인사과 모병관은 병역 면제 여부, 부대배치 및 병과부여, 신체등급조정 등의 직무를 담당하는 관계공무원들의 직무에 대하여 지위를 이용할 수 있는 관계에 있다고 하였다.[148]

⑯ 30년간 서울시 소속 과장 및 국장, 각 구의 부구청장, 서울중구청장, 서울시 산하 세종문화회 관장, 서울시 지역경제국장으로 재직한 피고인은 서울시 지하철공사 소속 관계공무원들이나 시장의 직무에 대하여 지위를 이용할 수 있는 관계에 있다고 하였다.[149]

(3) 행위에서 지위(地位)를 이용하여 영향력을 미칠 수 없는 경우

① 시 구청의 건설과장은 시장의 직할하에 있는 시 도로포장사무소장이나 그 직원들의 직무에 대하여 지위를 이용할 수 있는 관계에 영향력을 미칠 수 없다고 하였다.[150]

② 군청 건설과 관리계에서 하천골재채취허가 등 사무를 취급하다가 건설과 농지계로 전보된 공무원은 지사의 하천골재채취허가예정지고시 업무에 대하여 지위를 이용할 수 있는 관계에 영향력을 미칠 수 없다고 하였다.[151]

③ 검찰주사는 관세법위반 피의사건의 수사사무를 담당하였던 검사의 직무에 대하여 지위를 이용할 수 있는 관계에 영향력을 미칠 수 없다고 하였다.[152]

---

148) 대판 1999. 6. 25. 99도1900
149) 대판 2001. 10. 12. 99도5294
150) 대판 1968. 12. 17. 68도1303
151) 대판 1984. 1. 31. 83도3015
152) 대판 1982. 6. 8. 82도403

④ 도교육위원회 사회체육과 보건계에서 아동급식과 아동 및
교원의 신체검사에 관한 업무를 담당하는 지방보건기사는
도 보건사회국에서 카바레 영업허가업무를 담당하는 시 등
의 환경위생과 식품위생계를 감독하고 그 영업허가에 앞서
사전 승인하는 업무를 담당하는 지방행정주사보의 직무에
대하여 지위를 이용할 수 있는 관계에 영향력을 미칠 수 없
다고 하였다.[153]

(4) 알선(斡旋)

① 알선이란 공무원이 그 지위를 이용하여 다른 공무원이 일정
한 직무행위를 하도록 매개·주선하는 것을 말하는데, 공무
원이라도 사인의 지위에서 알선한 경우에는 알선수뢰죄가
성립하지 않는다.[154]

② 알선하고자 하는 직무행위는 정당한 직무행위이건 부정한
행위이건 불문하는데, 정당한 직무행위에 대한 알선에 대해
서도 형법 제131조에 한하여 부정한 행위를 요구하고 있다
는 점을 고려할 때 알선수뢰죄의 성립을 긍정한다.[155]

③ 다른 공무원의 직무에 속한 사항의 알선행위는 그 공무원의
직무에 속하는 사항에 관한 것이면 되는 것이지 그것이 반

---

153) 대판 1983. 8. 23. 82도956

154) 대판 1984. 4. 10. 82도766(농업협동조합이 해외에서 구입한 물품이 한국 도착 시 물량
부족임이 발견되었음에도 그 배상문제가 신속히 타결되지 않으므로 피고인 갑이 해외여행
중인 국회의원인 피고인 을에게 위 문제의 타결에 힘써 달라고 요청하여 피고인 을이 개인
자격으로 외국수출업체의 부사장을 만나 부족물량의 변상을 설득, 그에 대한 승낙을 받아
내자, 이에 피고인 갑이 감사의 뜻으로 피고인 을에게 미화 2,000달러를 준 것이라면 이는
갑이 다른 공무원의 직무에 속한 사항의 알선에 관하여 교부한 것이라고 볼 수 없다.)

155) 대판 2006. 4. 27. 2006도735

드시 부정행위라거나 그 직무에 관하여 결재권한이나 최종
결정권한을 갖고 있어야 하는 것이 아니다.[156]

(5) 알선에 관한 뇌물의 수수(收受)·요구(要求)·약속(約束)

① 1억 2,600만 원 상당의 리스된 승용차의 사용이익을 뇌물로
제공받은 경우 그 이익은 리스보증금 및 리스료 지급 등과
같은 형태의 금전적인 부담이 전혀 없는 상태에서 승용차를
피고인의 의사대로 사용·수익할 수 있는 무형의 이익이라
는 이유로 특가법상의 알선수뢰죄(수뢰액이 1천만 원 이상인 때에는 특가법 제
2조가 적용된다.)가 아닌 형법상의 알선수뢰죄를 인정하였다.[157]

(6) 증뢰죄와의 관계(贈賂罪)

① 알선 수뢰한 금원 중 일부를 증뢰한 경우에는 알선수뢰죄
이외에 증뢰죄가 따로 성립하여 실체적 경합법이 된다.[158]

[11] 알선수재죄(斡旋收財罪)

(1) 특가법상 알선수재죄(特加法上 斡旋收財罪)

① 세무사 자신이 세무대리를 맡은 사건의 해결을 위하여 공무

---

156) 대판 1992. 5. 8. 92도532.

157) 대판 2006. 4. 27. 2006도735(자동차를 뇌물로 제공한 경우 자동차등록원부에 뇌물수수
자가 그 소유자로 등록되지 않았다 하더라도 자동차의 사실상 소유자로서 자동차에 대한
실질적인 사용 및 처분권한이 있다면 자동차 자체를 뇌물로 취득한 것으로 보아야 한다. 그
런데 피고인에게 뇌물로 제공되었다는 자동차는 리스차량으로 리스회사 명의로 등록되어
있는 점. 피고인이 처분승낙서·권리확인서 등 원하는 경우 소유권이전을 할 수 있는 서류
를 소지하고 있지도 아니한 점. 리스계약상 리스계약이 기간만료 또는 리스료 연체료 종료
되어 리스회사에서 위 승용차의 반환을 구하는 경우 피고인은 이에 응할 수밖에 없다고 보
이는 점 등에 비추어 볼 때 피고인에게 위 승용차에 대한 실질적 처분권한이 있다고 할 수
없어 자동차 자체를 뇌물로 수수한 것으로 볼 수 없다.)

158) 대판 1967. 1. 31. 66도1581

원에게 청탁·알선한다는 명목으로 금품을 수수한 경우에도 특가법 제3조의 알선수재죄가 성립한다.[159)

② 공무원의 직무에 속한 사항의 알선에 관하여 금품이나 이익을 수수한다 함은 공무원의 직무에 속한 사항을 알선한다는 명목으로 금품 등을 수수하는 행위로서 반드시 알선의 상대방인 공무원이나 그 직무내용이 구체적으로 특정될 필요는 없다.[160)

③ 단지 금품 등을 공여하는 자가 금품 등을 수수하는 자와의 좋은 관계를 유지함으로써 그로부터 공무원의 직무에 속한 사항과 관련하여 어떤 도움을 받을 수 있다거나 손해를 입을 염려가 없다는 정도의 막연한 기대감 속에 금품 등을 교부하고, 금품 등을 수수하는 자 역시 공여자가 그러한 기대감을 가지고 금품 등을 교부하는 것이라고 짐작하면서 이를 수수하였다는 정도의 사정만으로는 알선수재죄가 성립한다고 볼 수 없다.[161)

(2) 특경법상 알선수재죄(特經法上 斡旋收財罪)

① "금융기관의 임·직원의 직무에 속한 사항의 알선에 관하여 금품을 수수한다." 함은 금융기관의 임·직원의 직무에 속한 사항에 관하여 알선의뢰인과 알선의 상대방이 될 수 있

---

159) 대판 2007. 6. 29, 2006도5817(특가법 제3조는 "공무원의 직무에 속한 사항의 알선에 관하여 금품이나 이익을 수수·요구 또는 약속한 자를 5년 이하의 징역 또는 1천만 원 이하의 벌금에 처한다."고 규정한다. 특가법상 알선수죄의 주체는 공무원에 국한되지 않고, 공무원의 지위 혹은 기타 지위를 이용할 것을 요건으로 하지 않는다는 점에서 형법상 알선수뢰죄와 다르다.)

160) 대판 2001. 10. 26, 2000도2968

161) 대판 2004. 11. 25, 2004도6647

는 금융기관의 임·직원 사이를 중개한다는 명목으로 금품 기타 이익을 수수하는 경우라야 하는 것이지, 이를 전제로 하지 않고 단순히 금융기관의 임·직원의 직무에 속하는 사항과 관련하여 알선의뢰인에게 편의를 제공하고 그 대가로 금품을 수수하였을 뿐인 경우에는 금융기관의 임·직원의 직무에 속한 사항의 알선에 관하여 금품을 수수한 것이라고 할 수 없다.[162]

② 알선행위의 당사자가 아닌 제3자가 그 대가인 금품 기타 이익을 중간에서 전달한 것에 불과한 때에는 그 자체로 위 알선수재죄의 구성요건에 해당한다고 할 수 없으나, 그 제3자가 알선행위의 당사자와 공동가공의 의사를 가지고 금품 기타 이익을 중간에서 전달한 때에는 그 전달행위는 위 알선수재죄의 실행행위에 관여한 것으로서 공동정범의 죄책을 면할 수 없다.[163]

---

[162] 대판 2000. 10. 24. 99도3115, 대판 1997. 5. 30. 97도367(특경가법 제7조는 "금융기관의 임·직원의 직무에 속한 사항의 알선에 관하여 금품 기타 이익을 수수·요구 또는 약속한 자 또는 제3자에게 이를 공여하게 하거나 공여하게 할 것을 요구 또는 약속한 자는 5년 이하의 징역 또는 5천만 원 이하의 벌금에 처한다."고 규정한다. 주체가 공무원에 국한되지 않고, 공무원의 지위 혹은 기타 지위를 이용할 것을 요건으로 하지 않고, 제3자에게 금품을 공여하도록 하여도 성립하므로 형법상 알선수뢰죄와 특가법 제3조의 알선수재죄와 구별된다.)

[163] 대판 1998. 12. 8. 98도3051

(3) 변호사법상의 알선수재죄(辯護士法上의 斡旋收財罪)

① 변호사법상의 알선수재죄에 해당하는 행위가 알선수뢰죄에
해당하는 경우에 양 죄는 법조경합이 된다.[164] 예컨대, 자기
자신의 이득을 취하기 위하여 공무원이 취급하는 사건 또는
사무에 관하여 청탁한다는 등의 명목으로 금품을 교부받으
면 그로써 곧 변호사법 제90조 1호의 위반죄가 성립되고,
알선수뢰죄나 증뢰물전달죄는 성립하지 않는다.)

[12] 증뢰죄·증뢰물전달죄(贈賂罪·贈賂物傳達罪, 제133조)

(1) 증뢰죄에서 행위(行爲)

① 증뢰행위는 공무원·중재인의 직무행위와 관련성이 있어야
한다.[165]

(2) 증뢰죄에서 공여(供與)

① 공여란 공무원 또는 중재인이 뇌물을 수수할 수 있도록 제
공하는 것을 말하는데, 한국마사회가 발주하는 공사를 수의
계약에 의하여 수주할 수 있도록 한국마사회장에게 알선해
달라는 청탁을 국회의원에게 하면서 금원을 준 경우에는 알
선뇌물공여죄가 된다.[166]

---

164) 대판 1986. 3. 25, 86도436(변호사법 제111조는 "공무원이 취급하는 사건 또는 사무에
관하여 청탁 또는 알선을 한다는 명목으로 금품·향응 기타 이익을 받거나 받을 것을 약속
한 자 또는 제3자에게 이를 공여하게 하거나 공여하게 할 것을 약속한 자는 5년 이하의 징
역 또는 1천만 원 이하의 벌금에 처하거나 이를 병과할 수 있다."고 규정하고 있다. 본 범
죄도 주체가 공무원에 한정치 않고 공무원의 지위 혹은 기타 지위를 이용할 것을 요건으로
하지 않으며, 제3자에게 금품 등을 공여하도록 하여도 성립한다는 점에서 알선수뢰죄나 특
가법 제3조의 알선수재죄와 구별된다.)

165) 대판 1987. 11. 24, 87도1463

② 공무원에게 제공할 취지로 그 처에게 주는 것도 공여가 된다.[167]

③ 객관적 직무관련성만 있으면 부정한 청탁이 없이도 공여죄가 되는데, 공여자가 부정한 청탁을 전제하고 공여하는 것은 아니기 때문이다. 따라서 도시 및 주거환경정비법에 의해 공무원으로 의제되는 재건축조합장에게 건설업자들이 직무와 관련하여 금전을 제공하였다면 부정한 청탁이 없더라도 뇌물공여죄가 된다.[168]

(3) 증뢰물전달죄(贈賂物傳達罪)

① 제3자가 증뢰자로부터 교부받은 금품을 수뢰할 사람에게 전달하고 안 하고와는 상관없이 증뢰물전달죄가 된다.[169]

② 제3자로부터 전달받은 금품을 곧바로 금품을 수뢰할 사람에게 전달한 경우 증뢰물전달죄 외에 별도로 증뢰죄가 성립하지 않는다.[170]

③ 자기 자신의 이득을 취하기 위하여 공무원이 취급하는 사건 또는 사무에 관하여 청탁한다는 등의 명목으로 금품 등을 교부받으면, 변호사법 제90조 1호 위반죄만이 성립하고 알선수뢰죄나 증뢰물전달죄는 성립하지 않는다.[171]

④ 공무원이 취급하는 사무에 관하여 청탁한다는 명목으로 자신의 이득을 취하기 위하여 금품 등을 교부받은 것이 아니

---

166) 대판 1990. 8. 10. 90도665
167) 대판 1968. 10. 8. 68도1066
168) 대판 2008. 1. 24. 2006도5711
169) 대판 2002. 6. 14. 2002도1283
170) 대판 1983. 6. 28. 82도3129
171) 대판 1986. 3. 25. 86도436

고, 공무원이 취급하는 사무에 관한 청탁을 받고 청탁 상대
방인 공무원에게 단순히 전달한 경우에는 알선수뢰죄나 증
뢰물전달죄만이 성립하고, 변호사법 제111조 위반죄는 성립
할 수 없다.[172]

⑤ 제3자란 제3자 뇌물공여죄에서와 같이 행위자와 공동정범
이외의 자를 말한다.[173]

(4) 주관적 요건(主觀的 要件)

① 공여·약속·공여의 의사표시에 있어서는 공무원·중재인
의 직무에 관한 뇌물임을 인식·인용하고 있어야 하는데,
금원공여행위가 관례에 따른다 하더라도 그런 사유만으로
그 행위가 범죄가 되지 않는 것으로 오인하는 데 대한 정당
한 이유가 있다고 할 수 없다.[174]

② 뇌물공여죄가 성립하기 위해서는 뇌물을 공여하는 행위와
상대방 측에서 금전적으로 가치가 있는 그 물품 등을 받아
들이는 행위가 필요할 뿐 반드시 상대방 측에서 뇌물수수죄
가 성립하여야 함을 뜻하는 것은 아니다. 2억 원의 현금이
든 굴비상자를 제공한 공소 외 1의 행위가 뇌물공여죄가 성
립한다 하여 그가 제공하려고 한 물건의 뇌물성에 대한 인
식이 없었던 피고인에 대해서도 뇌물수수죄가 반드시 성립
하는 것은 아니다.[175]

---

172) 대판 2007. 2. 23, 2004도6025

173) 대판 2006. 6. 15, 2004도756

174) 대판 1995. 6. 30, 94도1017(관례에 따라서 공무원에게 일정한 금원을 공여한 경우에도
    뇌물공여죄가 성립한다.)

175) 대판 2006. 2. 24, 2005도4737

(5) 공범관계(共犯關係)

① 공모한 후 금품을 교부하거나 주식의 향연을 베푼 경우에는
현실로 출연하지 아니한 자도 증뢰죄의 공동정범이 되며, 수
뢰자가 누구인지를 알고 있을 필요는 없다.[176]

(6) 타죄(他罪)와의 관계

① 수뢰죄가 무죄인 때에도 증뢰죄의 성립은 가능하다.[177]

② 수뢰자와 증뢰자가 함께 향응을 하고 증뢰자가 이에 소요되
는 금원을 지출한 경우 증뢰액을 인정함에 있어서는 먼저
수뢰자의 접대에 요한 비용과 증뢰자가 소비한 비용을 가려
내어 전자의 수액을 가지고 증뢰액으로 하여야 하고, 만일
각자에 요한 비용액이 불명일 때에는 이를 평등하게 분할한
액을 가지고 증뢰액으로 인정하여야 할 것이며, 수뢰자가 향
응을 제공받은 자리에 수뢰자 스스로 제3자를 초대하여 함
께 접대를 받은 경우에는 그 제3자가 수뢰자와는 별도의 지
위에서 접대를 받는 공무원이라는 등의 특별한 사정이 없는
한 그 제3자의 접대에 요한 비용도 수뢰자의 접대에 요한
비용에 포함시켜 증뢰액으로 보아야 한다.[178]

---

176) 대판 1971. 3. 9. 70도2536
177) 대판 1996. 8. 23. 96도1231
178) 대판 2004. 12. 9. 2004 도 5371

이중백

■약 력

全州大學校 大學院 法學科(法學博士)
전라남도지방공무원시험 출제위원 역임
송원대학·초당대학교·광주대학교·호남대학교 등의 경찰행정학과, 전라남도청공무원위탁
의 사회복지학과, 법학과 강사
한국법학회 회원, 광주·전남 형사법학회 회원
법무부/대한변협 법교육 출장강사
광주시 공무원 교육원 청렴교육 강사
전주 및 군산교도소 공무원 청렴교육 강사
국민권익위원회 청렴교육 강사

■주요 저서 및 논문

『해설 형법전』(도서출판 교서관, 1996)
『사회복지법제론』(센스기획, 2000)
『한국의 뇌물죄』(한국학술정보(주), 2008)
「A Study on the Bribery in the Criminal Law」(박사)
「청소년 범죄의 환경적 요인에 관한 고찰」(석사)
「뇌물죄의 연혁과 보호법익」
「형법상의 뇌물범죄에 관한 연구」
「뇌물죄에 있어서 뇌물」 외 다수

초판인쇄 | 2009년 12월 2일
초판발행 | 2009년 12월 2일

지은이 | 이중백
펴낸이 | 채종준
펴낸곳 | 한국학술정보㈜
주   소 | 경기도 파주시 교하읍 문발리 파주출판문화정보산업단지 513-5
전   화 | 031) 908-3181(대표)
팩   스 | 031) 908-3189
홈페이지 | http://www.kstudy.com
E-mail | 출판사업부 publish@kstudy.com
등   록 | 제일산-115호(2000. 6. 19)

ISBN   978-89-268-0549-7 93360 (Paper Book)
       978-89-268-0550-3 98360 (e-Book)

내일을여는지식 은 시대와 시대의 지식을 이어 갑니다.